한컷만화
창조과학 100

한 페이지에 한 가지 주제를
한컷 만화에 담았다

한컷만화
창조과학 100

ⓒ 생명의말씀사 2019

2019년 1월 25일 1판 1쇄 발행
2024년 11월 19일 3쇄 발행

펴낸이 | 김창영
펴낸곳 | 생명의말씀사

등록 | 1962. 1. 10. No.300-1962-1
주소 | 서울시 종로구 경희궁1길 6 (03176)
전화 | 02)738-6555(본사)・02)3159-7979(영업)
팩스 | 02)739-3824(본사)・080-022-8585(영업)

글・그림 | 김재욱

기획편집 | 유선영, 정정욱
디자인 | 조현진
인쇄 | 예원프린팅
제본 | 다온바인텍

ISBN 978-89-04-16655-8 (03230)

저작권자의 허락 없이 이 책의 일부 또는 전체를
무단 복제, 전재, 발췌하면 저작권법에 의해 처벌을 받습니다.

한컷만화
창조과학 100

한 페이지에 한 가지 주제를
한 컷 만화에 담았다

글·그림 김재욱

프롤로그

창조론과 진화론의 차이와 그에 관한 진실을
한 컷 만화에 담아 쉽게 알려주는 책

『한컷만화 기독교 진리 130』의 제2탄인『한컷만화 창조과학 100』을 출간하게 되어 매우 기쁩니다.

2009년에『1318 창조과학 A to Z』를 출간한 이후 창조과학 도서와 진화론 비판서를 여러 권 출간했습니다. 그 책들을 집필하는 동안 수많은 자료를 수집하면서, 과학을 모르는 남녀노소가 이해하기 쉬운 방식으로 창조과학의 진실과 진화론의 허구를 알리는 일을 해왔습니다. 또한 한국창조과학회와 협력해 학술 대회와 학생 및 청년 수련회 등에서, 그리고 전국의 여러 교회에서 강연을 했습니다. 그 밖에 (사)교과서진화론개정추진회(교진추)에서 출판 담당 이사로 일하면서 강연과 집필 활동을 했고, 진화론의 허구를 알리는 일과 교과서를 개정하자는 청원에 협력하기도 했습니다.

이 책에 나오는 창조와 진화에 관한 개념들은 제가 이제껏 알게 된 지식들을 주제별로 망라한 것입니다. 핵심 개념들은 그간 출간한 책에서도 다루었지만 다른 각도로 설명했고, 한 컷의 그림과 간결한 설명으로 압축했

습니다. 각 내용들은 여러 번 검증되었으므로 믿고 보셔도 좋습니다.

 사실 각 페이지마다 긴 부연 설명이 필요한 부분도 있고 길게 말하면 끝도 없는 이야기도 있지만, 본문에 소개된 정도만 알아도 핵심을 이해할 수 있을 것입니다. 각 장은 주제별로 나눴지만 장의 구분이 그다지 중요하지 않은 주제도 많아서, 어느 곳에서부터 읽어도 상관이 없습니다.

 1장에서는 가장 먼저 알아야 할 진화론에 대한 개관과 함께, 그리스도인의 가장 근본적인 문제인 진화론을 받아들이는 교회의 입장과 심각성을 다룹니다.

 2장에서는 지적 설계의 이치와 진화론의 오류를 다룹니다. 왜 세상은 어떤 뛰어난 지적 존재가 설계한 곳일 수밖에 없는지, 진화론이 말하는 다양한 개념들은 왜 모순인지, 그리고 지적 설계론과 진화론 중 어느 것이 과학과 일치하는지 알아봅니다.

3장에서는 공룡에 관한 진실과 노아의 대홍수에 관한 상식적인 증거들을 소개합니다. 공룡은 정말 멸종됐는지, 역사 속의 공룡과 성경에 나오는 용은 어떤 연관이 있는지, 전 세계적 대격변인 노아의 홍수는 실제로 있었는지 살펴보고 화석에 대해서도 다룹니다.

4장에서는 진화 사상의 폐해와 죄악을 다룹니다. 진화론자들이 자신의 사상을 옹호하기 위해 정당화한 수많은 죄악과 폐해들, 그리고 그런 개념들이 인류에게 입힌 피해를 살펴보고, 과학에 대한 오해가 가져오는 치명적인 결과를 생각해 봅니다.

5장에서는 과학자들의 어록을 통해 본 진실을 다룹니다. 창조론자, 지적 설계론자, 진화론자들의 말에 담긴 진실을 소개합니다. 진화론자들의 진화론에 대한 맹신과 창조론자 및 지적 설계론자들의 주장을 통해서, 창조와 진화가 단지 과학의 문제만은 아니라는 사실을 확인하게 될 것입니다.

에필로그에는 "창조과학도 과학이냐고 묻는 이들에게"라는 글을 실었습니다. 창조과학이 사이비 과학으로 매도당하는 세상에서 거짓으로 점철된 진화론의 진실을 우리가 안다면, 절대 기죽지 않고 당당하게 진리를 말할 수 있을 것입니다.

창조론이 위협받는 시대입니다. 그리스도인들조차 유물론과 진화론을 받아들이며 그 위험성에 무감각해지고 있는 상황입니다. 사실 교회에 다닌다고 다 창조론을 믿는 것도 아니지요. 최근의 조사를 보면 윤회설 같은 사상을 믿는 비율도 일반인과 그리스도인이 차이가 많이 없을 정도라니, 진화론은 말할 것도 없습니다.

이렇게 세계관이 흐트러지면, 다음 세대는 점점 더 바른 생각을 하며 살기가 어려워집니다. 자신의 뿌리와 근본을 모르고서야 어떻게 의미 있는 삶을 설계하며 구원받는 신앙을 가질 수 있겠습니까? 창세기와 창조론을 무시하고 진화론도 수용하는 교회가 늘어나는 오늘의 현실이 심각하게 우려됩니다. 청년들은 또한 기독교 지식인들이 주장하는 교묘한 유신 진화론에 열광하고 있습니다. 저는 이런 위기 상황에 대해 늘 이렇게 힘주어 말합니다.

믿음 없는 불신자가 암흑 속을 걷는 것이라면,
창세기를 믿지 않는 교인은 안개 속을 걷는 것입니다.

　성경을 그대로 믿지 않으려면 왜 그리스도인이 될까요? 성경에 오류가 하나라도 있다면, 모든 진리는 연쇄적으로 붕괴하고 말 것입니다.
　처음에 하나님께서 하늘과 땅을 창조하셨다는 창세기 1장 1절 말씀 하나만 믿으면 성경의 모든 내용을 믿게 되는 것인데, 이 진리를 인간의 이야기나 신화로 만들려는 시도가 얼마나 어리석은지 모르겠습니다. 이러한 시대 속에서도 하나님이 예비하신 귀한 학생과 청년 세대가 그루터기처럼 남아서, 골리앗과 같은 거짓 과학과 자유주의 신학에 맞서 싸우게 되기를 간절히 바랍니다.
　본문에 나오는 만화에는 부연 설명과 예증을 담았습니다. 또한 주요 인물들은 만화체보다는 캐리커처 형식으로 그렸습니다. 이 책에 나오는 모든 인용은 정확한 출처가 있는 것으로서, 『진화론에는 진화가 없다』 등 과거에 쓴 책들에 모두 표기되어 있습니다. 중요한 몇몇 출처는 에필로그를 참고

하시기 바랍니다.

저는 '바이블로그'라는 네이버 블로그를 운영합니다(www.woogy68.blog.me). 본문에서 다룬 자세한 내용은 제 블로그에서 검색하시면 확인하실 수 있습니다. 한국창조과학회 홈페이지(www.kacr.or.kr)와 교진추 홈페이지(www.str.or.kr) 및 블로그(blog.naver.com/str_bg)에도 방대하고 알찬 자료가 많습니다.

개인적인 일을 하면서 책을 집필하는 일은 쉽지 않았습니다. 특히 그림을 그리는 데 많은 시간이 필요했는데, 잘 마무리할 수 있도록 도우신 하나님께 감사드립니다. 또한 응원해 주신 독자들과 주변 지인들에게 감사드립니다. 부디 이 작은 책이 진화론의 허구성을 알리고 하나님의 살아 계심과 창조의 진리를 널리 증거하는 도구가 되기를 바랍니다. 감사합니다.

2019년 1월 김재욱 올림

목차

프롤로그　04

1장. Creation & Evolution
창조와 진화, 기본 설명서

01　진화론의 주창자 찰스 다윈은 누구인가?　18
02　모두가 환호한 20대 박물학자의 패기　19
03　찰스 다윈도 유신 진화론자였다　20
04　월리스, 2등은 아무도 기억하지 않는다지만…　21
05　실험 과학과 기원 과학을 구분해야　22
06　창조론과 진화론의 주요 차이점　23
07　종교와 과학을 분리하자는 노마(NOMA) 원리　24
08　신앙과 과학은 무관한 것일까?　25
09　왜 창조론은 변변한 논문이 없냐고?　26
10　세상이 인정하는 것은 진화론뿐　27
11　창조물을 심판하는 신은 부당한가?　28
12　창조물에 대해 가지는 애착과 사랑　29
13　세계적인 학자들의 의견은 왜 다를까?　30
14　유신 진화론자들을 멀리하라　31
15　교회를 몰락시키는 두 요소　32
16　우리의 삶에 깊이 들어온 진화론　33
17　교회를 떠나게 만드는 진화론　34
18　주일학교가 사라지는 이유　35

2장. ID & Evolution Theory
지적 설계의 이치와 진화론의 오류

19	생물은 처음부터 복잡했다	38
20	지적 설계는 진화의 불가능을 말한다	39
21	매우 간단한 설계의 원리	40
22	컵라면 하나도 설계에 의해 만들어진다	41
23	10cm 차단선 하나로 비행기가 추락한다	42
24	문어가 사람보다 더 진화한 동물일까?	43
25	코끼리의 지능과 능력은 놀라워	44
26	태양열 전지판과 해바라기 씨앗	45
27	터널을 뚫는 첨단 기술도 자연에서 배우다	46
28	생체 모방 공학이 가능한 이유	47
29	욥기에 등장하는 번개의 길	48
30	비의 순환 원리도 이미 성경에	49
31	육각 결정이 있는 눈은 어디서 왔을까?	50
32	진화로는 설명이 불가능한 눈의 정교한 기능	51
33	세상 모든 물질의 재료는 똑같은데?	52
34	속이 텅 빈 원자는 누가 가동시켰나?	53
35	열역학 제1법칙과 진화론의 모순	54
36	열역학 제2법칙과 진화론의 모순	55

37 우주의 근본적인 신비	56
38 밀러의 실험은 생명과 무관	57
39 인간의 능력과 하나님의 능력	58
40 지구와 닮은 행성에 대한 허황된 기대	59
41 화성 관련 영화는 공상 과학	60
42 화성, 일단 가기만 하면 살 수는 있나?	61
43 지구에만 생명체가 있다면 공간의 낭비다?	62
44 우연일 수 없는 규칙들	63
45 우주에서 물이 발견되었다?	64
46 지구의 나이는 성경대로 매우 짧다	65

3장. Dinosaur & Flood
공룡에 대한 진실과 노아의 대홍수

47 공룡은 정말 멸종됐을까?	68
48 공룡의 연부 조직, 과연 지금 발견될 수 있나?	69
49 공룡은 오래된 동물이어야만 해!	70
50 12간지 중 왜 용만 상상 속의 동물일까?	71
51 고대 사람들이 새긴 동물은 무엇일까?	72
52 공룡이 살지 않던 시대에 공룡상을 만든다?	73

53	역사 기록에 남은 '용'은 바로 '공룡'	74
54	상형 문자인 한자 속의 공룡	75
55	성경의 '용'은 우리가 아는 실제 '공룡'	76
56	시조새, 난 새의 조상이 아니야	77
57	모든 문명의 발생 시점	78
58	노아의 세 아들과 온 인류	79
59	노아는 방주의 선장이 아니었다	80
60	전 세계에 남아 있는 뚜렷한 홍수 설화	81

4장. Evolutionism and Crime
진화론의 무지와 폐해

61	대진화와 소진화	84
62	수억 년 전과 똑같은 생물들	85
63	지질 주상도와 화석 연대의 순환 논리	86
64	종의 정지는 불변의 실제 데이터	87
65	엑스맨을 탄생시킨 바람직한 괴물 이론	88
66	돌연변이와 진화론의 딜레마	89
67	복구와 세포 자살이 이루어지지 않으면?	90
68	진화가 그리 간단히 스스로 이루어질까?	91

69	진화론과 유물론이 설명할 수 없는 세상	92
70	생명은 생명에서만 나온다	93
71	동물원에 인간을 전시했던 사람들	94
72	멀쩡한 사람을 진화의 중간 단계로 만들다	95
73	사람이 유인원에서 진화했다고?	96
74	인간은 오직 한 종류뿐	97
75	발생 단계는 다 똑같다는 배 발생도 조작 사건	98
76	배 발생도를 조작한 헤켈의 뻔뻔함	99
77	골턴의 우생학, 인종 차별에 이용되다	100
78	히틀러의 유대인 학살과 진화론	101
79	과학의 무지가 불러온 인종 차별의 역사	102
80	죽은 자에게 수여되는 '다윈 상'을 아시나요?	103
81	'날아다니는 스파게티 괴물교'를 아시나요?	104
82	죄인도 무죄가 되는 진화론의 법정	105
83	흔적이 아닌 흔적 기관이 180여 개라고?	106
84	자녀 사랑과 종족 보존의 본능?	107
85	라이거 같은 잡종은 다른 종으로 변할 수 있을까?	108
86	이론 안에서는 안 되는 게 없는 진화론	109

5장. Quote and Truth
과학자들의 어록을 통해 본 진실

87 나는 불가능한 것을 믿기로 했다?	112
88 시간의 기적을 믿는다?	113
89 진화는 사실이어야만 해!!	114
90 진화가 사실이 아니어도 어쩔 수 없다?	115
91 진화론은 믿음의 교리이다	116
92 다른 이론을 처음부터 배제하는 진화론	117
93 꿀 먹은 벙어리가 된 리처드 도킨스	118
94 진화론은 드라마다	119
95 인간 게놈 권위자의 인종에 대한 편견	120
96 진화론에 찌든 과학자들의 오만과 독선	121
97 세월을 허비한 진화론자의 고백	122
98 창조의 원리를 말한 뉴턴의 명언	123
99 모든 것을 녹이는 산, 진화론	124
100 진화론은 벌거벗은 임금님의 명품 옷	125

에필로그 창조과학도 과학이냐고 묻는 이들에게   126

1장. Creation & Evolution

창조와 진화, 기본 설명서

진화론은 왜 등장했을까.

창조론과 진화론은 어떤 차이가 있을까.

그리스도인에게 이 개념들이 왜 중요한지 생각해 봅니다.

01

진화론의 주창자 찰스 다윈은 누구인가?

찰스 다윈은 1809년 영국 미들랜드에서 태어났습니다.
신학을 공부했지만 생물에 늘 관심이 많았던 그는
22세에 해군 탐사선 비글호를 타고 여행을 떠나, 5년 동안
갈라파고스 제도 등지에서 생물학과 지질학을 연구합니다.
1859년에 그는 생물이 공통 조상에서 진화했다는 논문을 발표합니다.
그것이 "자연 선택에 의한 종의 기원"입니다.
이 이론은 생물이 각각 생존에 유리한 방향을 스스로 선택해
발전하고 진화한다는 것이 핵심입니다.

02

모두가 환호한 20대 박물학자의 패기

여러분은 불과 20대에 5, 6년 탐사하고 연구한 아마추어 과학자가
인류 생명의 비밀을 풀었다고 한다면 신뢰를 보낼 수 있겠습니까?
20여 년 후에 발표하긴 했지만, 찰스 다윈의 연구가 바로 그런 경우입니다.
그래서 그의 이론을 추종한 토머스 헉슬리 같은 사람은
"바보, 이렇게 간단한 걸 왜 진작 몰랐을까?"라고 했습니다.
이상하게도 많은 이들은 다윈의 연구를 기정사실로 받아들였습니다.
사람들은 다윈이 필요했던 게 아니라 창조론이 싫었던 것입니다.
다윈은 그저 고양이 목에 방울을 달았을 뿐이었습니다.

03

찰스 다윈도 유신 진화론자였다

다윈은 『종의 기원』을 맺으면서 이렇게 말했습니다.
"생명이 처음에 몇 개 혹은 단 하나의 형태로 몇 가지 능력과 함께
창조주가 숨을 불어넣어 시작했다고 보는 것이 장엄하다.…
이 지구가 정해진 중력의 법칙에 따라 운행하는 동안 그토록 단순한 시초로부터
가장 아름답고 가장 놀라운 것이 나왔고, 지금도 나오고 있다."
그는 생명의 씨앗인 공통 조상 같은 존재가 창조되었다고 믿었습니다.
창조를 믿었지만 성경대로 믿지 않고 종과 종을 넘나드는 상상을 가미한 결과,
그는 엄청난 비과학의 조상이 되고 말았습니다.

04

월리스, 2등은 아무도 기억하지 않는다지만…

자신의 연구물에 대해 확신이 부족해서 20여 년을 보내고 있을 때
앨프리드 월리스라는 젊은 학자가 다윈을 찾습니다.
월리스는 자신이 연구한 내용에 대해 검토를 부탁했는데,
놀랍게도 다윈이 연구한 내용과 거의 흡사했다고 합니다.
다윈은 용기를 얻어 "자연 선택에 의한 종의 기원"을 공동으로 발표합니다.
그러나 당시 유명했던 다윈이 더 부각되었습니다.
2등은 아무도 기억하지 않는다지만, 그것이 부끄러운 이름이라면
월리스에게는 오히려 잘된 일이라 하겠습니다.

05

실험 과학과 기원 과학을 구분해야

과학은 두 종류가 있습니다.
먼저 '실험 과학'은 입증할 수 있는 것으로써
어떤 사람이 실험해도 동일한 결과가 나오는 것을 말합니다.
반면에 '기원 과학'은 인류와 자연과 생물의 시작을 탐구하는 학문으로
그 기원에 아무도 가 보지 못 했고, 그것을 보여줄 수도 없으므로
입증할 수 없는 하나의 믿음이자 해석 체계입니다.
기원 과학에는 창조론과 진화론이 있습니다.
진화론은 명백히 실험 과학이 아닌 해석의 체계인 기원 과학입니다.

06

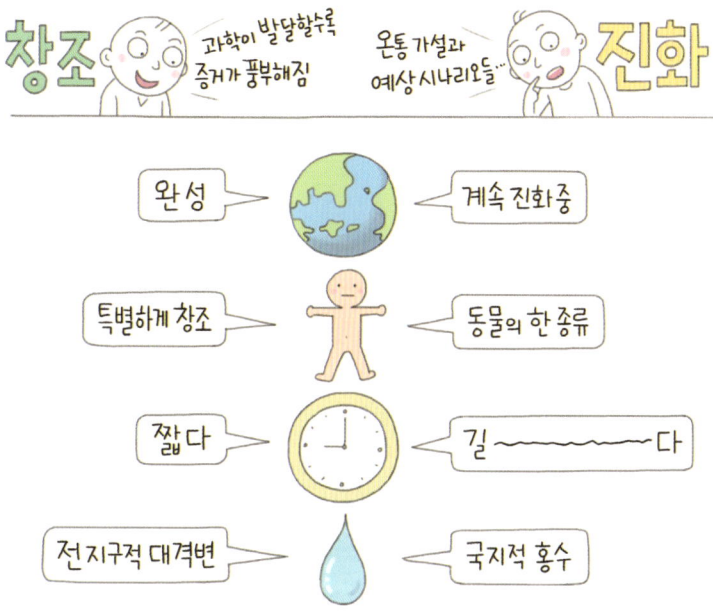

창조론과 진화론의 주요 차이점

성경은 모든 창조가 완성되었다고 합니다.
진화론은 모든 것이 지금도 진화한다고 합니다.
창조론은 지구 전체에서 노아의 홍수라는 대격변이 일어났다고 합니다.
진화론은 지엽적인 격변 속에서 균일한 속도로 진화해 왔다고 합니다.
창조론은 하나님이 약 6천여 년 전에 모든 것을 만드셨다고 합니다.
진화론은 약 46억 년 전에 지구가 진화하기 시작했다고 합니다.
창조론이 볼펜 한 자루라면 진화론은 서울-부산 정도의 길이인 셈입니다.
그러나 발생하지 않을 일은 긴 시간이 주어져도 일어나지 않습니다.

07

종교와 과학을 분리하자는 노마(NOMA) 원리

종교와 과학을 분리하자는 논리는 정당한 논쟁을 가로막습니다. 저명한 진화 과학자였던 스티븐 제이 굴드는 이른바 노마(NOMA) 원리를 내세워 창조론에 선을 그었습니다. 이것은 교도권 분리에 관한 것인데, 과학(자연)과 종교(윤리·도덕)는 탐구하는 영역이 달라 겹치지 않으므로 서로 간섭하지 말자는 주장입니다(NOn-overlapping MAgisteria). 이 그럴듯한 주장에 기독 지성인들도 속아, 그들에게 영향받은 일반 신자들도 진화론을 받아들일 수 있다고 생각하기도 합니다.

신앙과 과학은 무관한 것일까?

일부 목회자나 교인들은
신앙과 진화론을 동시에 받아들일 수 있다고 주장합니다.
그러나 성경은 하나님이 하늘과 땅을 직접 만드셨다고 분명히 말합니다.
진화론은 결정적인 증거가 없는 이론인, 사이비 과학이자 사상입니다.
우리가 성경을 들여다보면, 성경의 증거들이 훨씬 과학적이고
신빙성이 높다는 사실을 알 수 있습니다.
그러므로 성경과 진화론은 양립할 수 없습니다.
하나님은 조롱당하지 않으십니다. 분명한 선택을 하십시오.

09

왜 창조론은 변변한 논문이 없냐고?

어떤 이들은 창조론이 진정한 과학이라면 왜 유명 학술지에
변변한 논문 하나 실리지 않느냐고 조롱합니다.
하지만 국제 학술지는 대부분 진화론자들이 만듭니다.
미국의 여러 학교나 연구소에서 창조론을 지지하는 연구를 무시하고,
진화론과는 다른 관점으로 연구하는 교수들을 해고하거나
연구비를 삭감하는 등의 일이 벌어지고 있습니다.
창조론을 미디어에서 다루면 엄청난 항의가 뒤따르듯이
누군가의 반발과 방해로 창조론이 잘 보이지 않을 뿐입니다.

세상이 인정하는 것은 진화론뿐

2009년은 다윈 탄생 200주년이자 진화론 발표 150주년이 되는 해였죠.
이때 한 진화론 과학지에는 다음과 같은 자축의 글이 실렸습니다.
"진화론 진영은 태평성세를 누리게 되었습니다.
우리는 엄청난 연구비와 압도적인 연구 인력을 보유하고 있습니다.
우리는 대학과 연구소, 연구 단체, 학술지, 정부 등을 완전히 장악하여
반진화론이 오는 모든 길을 다 차단했습니다."
이미 세상에서 창조와 진화는 상대가 되지 않습니다.
창조과학이 비과학이 아니라 공정한 토론의 장이 없는 것입니다.

11

창조물을 심판하는 신은 부당한가?

상대성 원리를 만든 알베르트 아인슈타인은 이렇게 말했습니다.

"나는 자기 창조물을 심판하는 신을 이해할 수 없다."

하지만 이것은 창조의 속성을 인정하지 않기 때문에 하는 말입니다.

여러분은 무언가 정성껏 만들어 보신 적이 있습니까?

그림이나 요리 혹은 연애편지라도 일단 끝내고 나면 꼭 검토합니다.

맘에 들면 사용하지만 기준에 못 미치면 버려야 합니다.

제아무리 아인슈타인이라도 잘못 만든 공식은 폐기했을 겁니다.

이것이 지옥 심판이고, 그게 바로 창조 행위의 속성이지요.

창조물에 대해 가지는 애착과 사랑

이쑤시개나 블록으로 거북선 같이 정교한 것을 만드는 이들이 있죠.
공을 들인 만큼 작품에 대한 애착은 대단합니다.
자신의 땀과 애정이 배어 있기 때문에 분신처럼 여깁니다.
다른 작품들 속에 섞여 있어도 금방 찾을 수 있죠.
여럿이 종이비행기를 만들어 옥상에서 한번 날려 보세요.
모두 자기 비행기가 잘 날아가는지 확인하려고 눈을 떼지 않을 겁니다.
그것이 바로 자신의 창조물을 사랑하고
끝까지 지키려는 하나님의 마음입니다.

13

세계적인 학자들의 의견은 왜 다를까?

과학은 논의의 결과가 일치할 때 사실로 인정됩니다.
그러나 진화론에는 수많은 이론과 주장이 있습니다.
오죽하면 여러 이론을 엮어서 만든 '현대 종합설'까지 등장했을까요.
이렇듯 진화에 관한 이론들은 서로 판이합니다.
그래서 세계적인 석학들도 자기 이론을 가지고 서로 논쟁합니다.
왜 그렇겠습니까?
주장이 다르고 진화를 설명하는 방법이 다르기 때문이지요.
그래서 진화론은 과학이 아니라 하나의 해석 체계인 것입니다.

14

유신 진화론자들을 멀리하라

하나님을 믿는다면서 창조과학을 멀리하는 '유신 진화론자'들이 있습니다.
이들은 일반 과학에도 부합해야 믿을 수 있다고 하지요.
그렇게 되면 성경은 문자 그대로는 믿을 수 없는 신화가 되고,
기독교는 아무 의미 없는 종교가 되고 맙니다.
성경보다 과학과 세상 학식을 더 신봉하는 사람들,
세상의 온갖 학설을 받아들이는 것이 합리적이라고 성도들을 미혹하는
기독교 내의 유신 진화론자들을 조심하십시오.
박쥐처럼 수시로 변하는 자들을 하나님은 가증하게 여기십니다.

15

교회를 몰락시키는 두 요소

교회에는 두 종류의 사상적인 적이 있습니다.

첫째는 외부의 적 '진화론'입니다.

"세상은 저절로 생겨나 스스로 진화했으므로 창조주는 없다.

인간은 하나의 동물이므로 도덕과 윤리도 필요 없다."

둘째는 다음과 같은 내부의 적 '자유주의 신학'입니다.

1. 성경에 오류가 없다는 사실(성경 무오성)을 부정하는 성경 비평주의.
2. 하나님의 창조가 진화의 방법으로 이루어졌다는 유신 진화론.
3. 과학과 신앙은 별개의 문제라는 주장.

우리의 삶에 깊이 들어온 진화론

진화론은 의외로 우리 삶에 깊이 들어와 있습니다.
모든 방송은 진화론적인 관점으로 콘텐츠를 만듭니다.
자연 다큐멘터리는 물론 일반 다큐멘터리도
진화론적인 역사관과 견해를 기정사실로 간주합니다.
어떤 분야에서 오래 활동한 사람을 'OO계의 시조새'라고 하거나
TV의 기능이 향상되었을 때 'TV의 진화'라고 표현하듯이,
진화라는 개념은 마치 사실이자 과학인 것처럼
우리의 삶에 파고들고 있습니다.

17

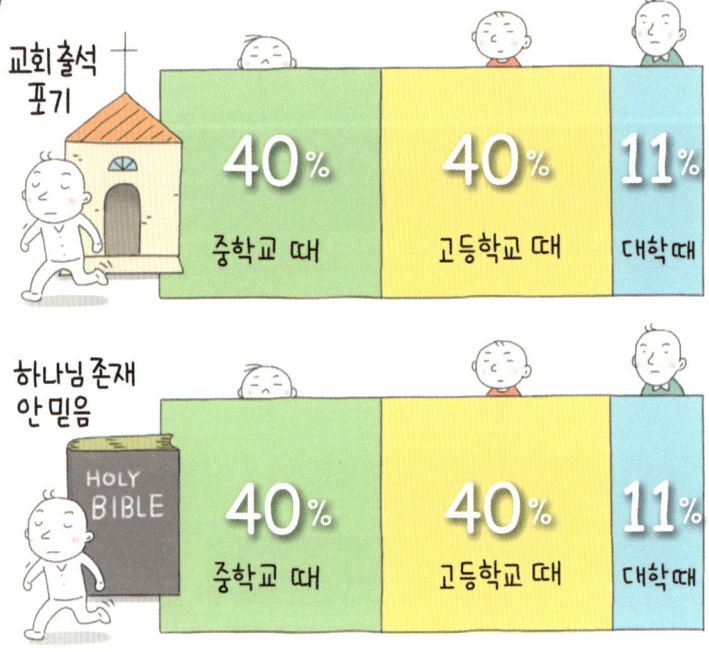

교회를 떠나게 만드는 진화론

켄 함 박사가 저술한 책 『이미 떠나 버렸다』(Already gone)는 영국에서 학생들이 진화론을 배우는 양과 교회를 이탈하는 정도가 정확히 비례한다는 사실을 밝혀낸 연구 보고서입니다.

교회를 떠나는 시기는 하나님의 존재를 의심하는 시기와 일치합니다. 물론 그 원인은 학교에서 과학으로 배우는 진화론 때문입니다.

우리나라 학생들도 예외는 아닙니다.

매해 5-60만의 학생들이 오직 진화론으로만 구성된 교과서로 배운 채 고등학교를 졸업합니다. 교회의 미래는 불 보듯 빤하겠지요.

주일학교가 사라지는 이유

농촌에서 아이들이 사라지고, 시골 학교들이 통폐합되고 있습니다. 인구 절벽 현상 때문에 한국인은 수백 년 내에 사라진다는 진단도 나오고 있는 실정입니다.
2018년경의 한 보고서에 의하면, 전국에서 주일학교를 운영하는 교회가 전체의 절반 정도에 지나지 않는다고 합니다.
학생들이 교회를 떠나는 일에 일조하는 것이 진화론 교육입니다. 교회에서 창조론을 가르친다 해도 학교에서 진화론을 배우기 때문에 학생들은 혼란 속에서 교회의 필요성을 느끼지 못하게 되는 것입니다.

2장. ID & Evolution Theory

지적 설계의 이치와 진화론의 오류

지적 설계론을 통해 본 이치.
진화론이 말하는 다양한 개념들의 모순.
어느 것이 과학과 일치하는지 따져 봅니다.

19

생물은 처음부터 복잡했다

진화가 사실이라면 아주 단순한 생물에서부터 점점 복잡하게 변화했겠지요.

하지만 생물은 한 번도 단순했던 적이 없습니다.

현미경으로나 볼 수 있는 세포조차 엄청나게 복잡합니다.

그보다 단순한 과거가 있었다면

제대로 기능을 못해서 번식이나 복제 등 아무것도 할 수 없었겠죠.

예컨대 쥐덫은 스프링, 해머, 고리 등 모든 게 갖추어져야 기능합니다.

하나라도 빠지면 무용지물이죠.

세포나 유전자 등 아무리 작은 것도 쥐덫보다 훨씬 복잡합니다.

지적 설계는 진화의 불가능을 말한다

지적 설계론(Intelligent Design, ID)은 신의 존재를 말하지는 않지만, 현재의 생물과 비교할 수 없이 뛰어난 어떤 존재가 세상과 그 안에 있는 모든 것을 계획해서 만들었다고 주장합니다. 그 근거를 '환원 불가능의 복잡성'이라고 표현합니다. 진화론에 의하면 모든 복잡한 생물이 과거에는 매우 단순한, 먼지 한 톨에 불과한 공통 조상에서 시작됐다고 합니다. 하지만 그랬다면 어떤 생명 진화의 기능도 담당할 수 없었을 것입니다. 단순한 생물에서는 결코 현재 형태의 벌이 될 수 없습니다.

21

매우 간단한 설계의 원리

설계의 원리는 생물 스스로 진화가 불가능하다는 사실을 말해 줍니다.

음료를 마시는 빨대 하나만 봐도 알 수 있습니다.

빨대의 잘린 면이 사선이 아니고 수평이면

바닥에 닿을 때 막혀서 음료가 올라오지 않겠지요.

그래서 누군가가 사선으로 잘라야겠다고 생각하게 된 것입니다.

이것이 지적 설계입니다.

그리고 설계한 내용을 그대로 실행해 제작해야겠지요.

뛰어난 지적 존재가 개입하지 않고 어떻게 이런 일들이 가능할까요?

컵라면 하나도 설계에 의해 만들어진다

라면과 컵라면은 같은 이름의 제품이라도 매우 다릅니다.
불에 끓이는 일반 라면을 컵에 넣어 끓는 물을 부으면
오래 기다려도 불기만 하고 잘 익지 않습니다.
컵라면은 바닥에 물이 들어가도록 면이 중간에 걸쳐지게 만듭니다.
또 위와 아랫부분의 엉킨 밀도가 다르지요. 면발 자체도 납작하고,
면의 구성도 달라서 미세한 구멍이 숭숭 뚫려 속이 비어 있습니다.
또 재료에 전분이 많이 들어 있어서 빨리 익지요.
컵라면 하나도 이런데, 복잡한 생물이 스스로 진화했다고요?

23

10cm 차단선 하나로 비행기가 추락한다

2012년에 블랙이글이라는 공군기가 추락하는 사고가 있었습니다.
어처구니없게도 정비사의 간단한 실수 때문이었습니다.
정비를 마친 뒤 반드시 제거해야 하는, 겨우 10cm 길이의
차단선 하나를 안 뽑았기 때문이라는 것입니다.

생물은 훨씬 복잡합니다. 약간의 독성이나 잘못된 유전자 결합으로 인해
사망이나 기형 등의 부적절한 돌연변이가 발생할 수 있습니다.
이렇게 정교하게 돌아가는 생물의 구조에 지적인 설계자는커녕
정비사 같은 존재도 전혀 없다고 말하는 건 너무 황당한 상상 아닐까요?

문어가 사람보다 더 진화한 동물일까?

돼지가 침팬지보다 똑똑한데, 진화의 순서는 어떻게 되는 것일까요?
무척추동물인 문어는 사람과 유전자 수가 비슷하고
단백질 코딩 유전자 수는 더 많으며, 8개의 다리를 독립적으로 사용하는데,
사람과 달리 척수가 없이도 신경 세포를 다리로 흘려보냅니다.
그러면 문어가 우리보다 고등한 동물일까요? 아닙니다.
이는 진화론이 엉터리라는 사실을 보여주는 증거에 불과합니다.
동물은 기능별로 지능과 능력이 다 다릅니다.
사람만이 그들을 지배하면서 글과 말을 사용하는 특별한 존재입니다.

25

코끼리의 지능과 능력은 놀라워

케냐 암보셀리 국립공원의 코끼리들에 대한 연구 결과에 세상이 놀랐습니다.
코끼리가 호의적인 관광객과 적대적인 코끼리 사냥꾼들의
서로 다른 언어를 구분할 수 있다는 사실이 드러났습니다.
또한 코끼리가 100마리의 다른 코끼리 소리를 식별할 수 있다고 합니다.
이것은 이들의 지능이 매우 높다는 사실을 의미합니다.
국내의 한 동물원에 있는 '코식이'라는 녀석은 말을 따라 할 수 있는데요.
'좋아, 안 돼, 누워, 아직, 발, 앉아, 예' 등 총 일곱 단어를 흉내 낼 수 있습니다.
코식이의 말하는 방식은 유명 학술지에 소개되기도 했습니다.

태양열 전지판과 해바라기 씨앗

한정된 공간에 태양열 전지판을 가장 많이 설치하려면 어떻게 해야 할까요?
사방으로 줄을 맞추면 될 것 같지만, 이것이 최고의 방법은 아닙니다.
자연에 해답이 있습니다. 이럴 땐 해바라기 씨앗의 배열을 따라하면 됩니다.
해바라기 씨앗은 사방으로 줄을 선 방식이 아니라
피보나치수열을 따라 양쪽 방향으로 돌아 나간 방식입니다.
이렇게 해야 가장 좁은 공간에 가장 많은 씨앗을 담을 수 있기 때문입니다.
딸기 씨나 파인애플의 무늬 모두 이 방식으로 되어 있습니다.
자연에는 애초에 하나님이 설계하신 수학의 법칙이 적용되어 있습니다.

27

터널을 뚫는 첨단 기술도 자연에서 배우다

오늘날에는 다이너마이트 폭파 없이 조용한 가운데 터널을 뚫습니다.
터널 보링 머신이라는 기계는 앞에 달린 도구로 바위를 절삭하고,
몸체로 파편을 흡수해 컨베이어 벨트를 통해 뒤로 배출합니다.
그런데 이 첨단 기술은 배좀벌레조개라는 녀석의 특허 기술이랍니다.
나무 배의 몸체를 갉아먹으며 사는 이 조개는 자기가 먹은 것을 소화시켜
꽁무니로 배출하면서 전진합니다. 그래서 배에 구멍을 내는 것이죠.
가장 진화했다는 인간의 첨단 기술 같지만
하나님의 창조물이 지닌 기술을 빌려 썼을 뿐입니다.

생체 모방 공학이 가능한 이유

진화란 점점 더 나아진다는 것인데, 진화가 많이 되었다는
고등 생물들은 좋은 기능들을 더 많이 가진 상태일까요?
흔히 찍찍이라고 불리는 벨크로 테이프는 엉겅퀴 씨의 갈고리를 본뜬 것입니다.
거북복이라는 복어의 생김새는 벤츠의 한 자동차에 적용돼 속도를 높였습니다.
물에서도 잘 붙은 홍합의 특성은 수술용 접착제에 응용되었습니다.
짐바브웨의 한 쇼핑센터는 흰개미집의 원리를 이용해 에어컨 없이도 시원합니다.
각 생물들은 놀라운 기능을 지니고 있습니다.
점점 더 각광받는 생체 모방 기술은 하나님의 설계를 드러냅니다.

욥기에 등장하는 번개의 길

오래전에 기록된 욥기에는 놀라운 자연 현상의 비밀이 담겨 있는데요.
천둥이 칠 때 번개를 위한 길이 있다는 사실입니다.
번개는 구름 속에 3억 볼트로 충전된 정전기가 공중에서 땅으로
유도 스트로크를 보내면 50분의 1초 후에 더 강한 정전기가
열린 '길'을 따라 전해지는 것입니다.
우레는 이 열린 채널에서 생기는, 5만 도의 초고온에 의한 발산 현상입니다.
초고온으로 가열된 공기는 초음속으로 팽창하여 천둥소리를 냅니다.
천둥과 번개가 같은 곳에서 발생한다는 사실이 이미 기록된 것이지요.

비의 순환 원리도 이미 성경에

성경은 과학책이 아니지만 현대 과학으로 입증되는 내용이 많습니다.
욥기에는 비의 순환에 관한 내용도 있습니다.
물방울들이 아주 작고 가늘게 만들어져서, 하늘로 올라갔다가
비가 되어 내리는 순환 과정이 나와 있습니다.
물들을 빽빽한 구름 속에 싸매시나
구름이 물들 밑에서 찢어지지 않는다고 기록합니다. 욥 26:8
하나님이 바람의 무게를 정하시고 물을 재어 무게를 정한다고 했을 정도로
오래전 사람들은 자연 현상을 잘 알고 있었습니다.

31

육각 결정이 있는 눈은 어디서 왔을까?

겨울에 내리는 눈은 아름다운 육각의 결정이 있지요.
반짝이는 눈송이를 확대해 보면 조각품처럼 정교한 갖가지 형태가 보입니다.
온 세상에 내리는 모든 눈은 단 하나도 모양이 같지 않습니다.
이 사실은 무엇을 의미할까요?
단 한 개의 눈 결정도 공장에서 찍어 내지 않는다는 말입니다.
그래서 성경에는 "눈 곳간"이 있다고 표현합니다. 욥 38:22
미생물을 배양해 제설기로 만드는 스키장의 인공 눈이 있지만
이것에는 육각의 아름다운 결정이 전혀 없습니다.

32. 진화로는 설명이 불가능한 눈의 정교한 기능

다원은 동물의 눈이 쉽게 만들어질 수 없음을 인정했습니다.
"눈처럼 거리에 따라 자동으로 초점을 맞추고, 들어오는 빛의 양을 조절하며,
입체와 색채적 차이를 종합할 수 있는 독특한 장치가
자연의 선택에 의해 저절로 만들어졌다고 생각하는 것은,
솔직히 고백하건대 터무니없는 일이다.
눈만큼 완벽한 조직체가 자연 선택에 의해 만들어졌다는 생각은
모두를 어리둥절하게 하기에 충분하다."
눈은 '보기 위한' 목적에 따라 설계된 기관입니다. 그저 진화할 수는 없습니다.

33

세상 모든 물질의 재료는 똑같은데?

철, 플라스틱, 물, 불, 흙, 공기, 모든 음식과 사람과 동물들….
이 모든 것을 만든 재료는 단 한 가지, 바로 '원자'입니다.
수소 원자 2개에 산소 원자 1개가 더해지면 물이 됩니다.
물질을 이루는 최소 기본 입자가 바로 원자인데요.
물질이 서로 다른 이유는 바로 이 원자가 줄을 다르게 서기 때문이지
어디서 새로운 물질이 오는 것은 아닙니다.
모두 같은 재료로 이루어졌는데
영혼과 정신과 마음은 어떻게 깃들었을까요?

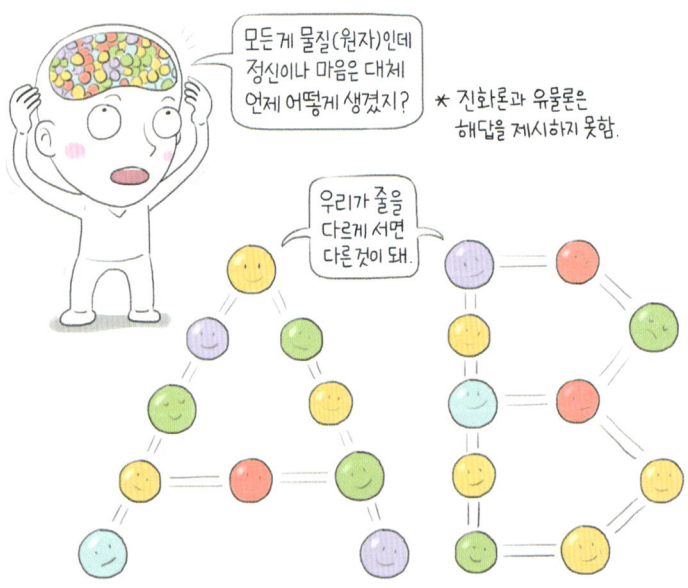

세상 모든 물질과 공간, 모든 생물과 무생물의 재료인 원자

속이 텅 빈 원자는 누가 가동시켰나?

원자는 원자핵을 전자들이 돌고 있는 구조인데,
원자핵의 양성자 수가 다르면 서로 다른 물질이 되지요.
다이아몬드와 흑연은 탄소 원자로만 구성된, 본질적으로 같은 물질입니다.
전자는 원자핵 지름의 13만 배에 해당하는 원 주위를 매우 빠르게 돕니다.
말하자면 원자는 텅 빈 상태이고, 모든 물질은 99.99%가 비어 있습니다.
원자의 수명은 거의 무한대인데요.
도대체 언제부터 누가 이것들을 움직이도록 가동시켰을까요?
동력이 없으면 아무것도 움직일 수 없는데 말입니다.

35

열역학 제1법칙과 진화론의 모순

에너지 보존의 법칙인 '열역학 제1법칙'은
"에너지는 새로 만들어지지도 않고, 없어지지도 않는다"라는 것입니다.
우주 전체의 에너지 형태가 변할 뿐 양은 늘 변함이 없다는 말이지요.
이는 진화론자라도 인정하지 않을 수 없는 가장 기본적인 법칙입니다.
하나님의 창조는 보시기에 좋은 상태로 완성된 것입니다.
그러나 진화론은 아주 작은 물질에서 출발해 모든 것이 나왔고,
온 우주가 폭발과 팽창을 통해 점점 커지고 늘어났다고 주장합니다.
가장 기본적인 열역학 제1법칙과 상반되는 주장이 바로 진화론입니다.

열역학 제2법칙과 진화론의 모순

모든 것은 처음 상태보다 쇠퇴한다는 것, 즉 늙고, 병들고, 고장 나고, 부패하며, 힘이 떨어진다는 것이 열역학 제2법칙입니다.
이 역시 가장 기본적인 법칙이므로 누구라도 인정하지 않을 수 없습니다.
그런데도 진화론은 모든 생물이 더 나아지고 발전한다고 말합니다.
하지만 그들의 말과는 달리 지구는 환경 파괴로 몸살을 앓고 있지요.
열역학 제2법칙은 엔트로피(무질서도) 증가의 법칙이라고도 합니다.
처음이 지금보다 더 생생하고 완전했다는 뜻입니다.
그러므로 점점 진보한다는 진화론은 논리 자체가 틀린 것입니다.

37

우주의 근본적인 신비

자석이 같은 극이면 서로 밀쳐 내듯 원자핵 부분도 서로 밀쳐 내야
정상이지만, 자연 법칙을 거스르면서 꼭 붙어 있습니다.
그 이유는 아무도 알지 못해서 그저 '우주의 근본적인 신비'라고 불립니다.
이처럼 밀어 내는 핵분열의 힘을 이용한 것이 원자 폭탄입니다.
엄청난 열기와 후폭풍이 모든 것을 쓸어버리죠.
성경은 세상을 이루는 원소(element)들이 불에 타는 날을 말씀합니다. 벧후 3:10
하나님이 오염된 세상을 새롭게 하실 심판의 날에
구원을 받는 여러분이 되기를 바랍니다.

밀러의 실험은 생명과 무관

밀러는 물에 강한 전기 스파크를 일으켜 소량의 아미노산을 만들었습니다. 원시 지구의 환경에서 생물이 생겨난 일을 재현했다는 것인데요. 원시 지구에 존재했다는 뜨거운 유기물의 바다나 번개 등은 상상일 뿐 실제 어떤 환경이었는지는 전혀 알 수 없지요. 원시 지구가 있기나 했는지, 어떤 과정이 있었는지도 모릅니다. 게다가 밀러가 만든 물질은 L-형과 독성 물질인 D-형이 섞여 있어서 생명체가 될 수 없습니다. 생명체는 L-형으로만 되어 있죠. 이것이 산 물질과 죽은 물질의 명확한 경계입니다.

39

인간의 능력과 하나님의 능력

불가사리에서 콜라겐을 분리해 화장품을 만들기도 합니다.
옥수수로 에탄올을 만들어 친환경 자동차 연료로 사용합니다.
모래에서는 실리콘을 분리해 반도체를 만듭니다.
나노합성수지로는 1000분의 1mm 이하의 조각품을 만들기도 하지요.
그러나 인간의 기술로도 그 조각품들을 작동하게 할 수 없습니다.
그런데 어떻게 그토록 오래전부터 존재한 정교한 생물들은
배터리조차 없는데 어떻게 한 치의 오차도 없이 기능할 수 있었을까요?
과학은 상식입니다. 불가능한 것을 가능하다고 하는 것은 비과학입니다.

지구와 닮은 행성에 대한 허황된 기대

몇 달에 한 번은 지구와 비슷한 행성을 찾았다는
NASA발 과학 뉴스가 등장합니다.
그러나 이 행성들은 누가 가서 본 것도, 사진을 찍어 온 것도 아닙니다.
깜빡이는 별들의 움직임과 주기 등을 보고 예측해 CG로 그린 것이죠.
진짜 그런 행성이 있다 해도, 지구와는 영 다른
그 환경에 무엇을 타고 내려서 정착할까요?
빛의 속도로 이동하지도 못하는데, 몇 광년인지 아무리 계산하면 뭐 할까요?
인간이 직접 화성에 갈 만한 기술은 아직 없습니다.

41

화성 관련 영화는 공상 과학

화성 관련 영화 중 "토탈 리콜"은 그저 SF라고 생각해도
"마션"에 나오는 일들은 곧 가능하다고 생각하기도 합니다.
하지만 화성은 아직 인간이 갈 수 없는 행성입니다.
대접근기가 되어야 왕복 3년 정도가 걸리고, 평소에는 5년이 걸리지요.
화성에 간다고 쳐도 거기에 로켓 발사대가 없는데 어떻게 돌아옵니까?
내리지 않고 다시 돌아오려면 연료가 부족하고,
인간의 우주 체류 기간은 최고 437일밖에 안 됩니다.
이래저래 앞으로도 가지 못할 곳이 화성입니다.

화성, 일단 가기만 하면 살 수는 있나?

화성에 간다고 해도 그곳 환경은 매우 척박합니다. 영화 "마션"에서 주인공이 우주선 안에 흙을 깔고 감자를 재배하듯이, 질소가 많고 이산화탄소가 부족해 식물이 자라지 못합니다. 추울 때는 영하 125도까지 내려가고 중력도 지구의 3분의 1입니다. 영화 "토탈리콜"에는 화성에서 헬멧이 벗겨지자 눈알이 튀어나오면서 죽는 꿈속 장면이 있듯이, 기압이 달라 우주선 밖으로 나올 수도 없지요. 아무리 지구 환경이 파괴되었다지만, 지구의 수명을 걱정해 화성 이주를 거론하는 것은 간 큰 사기극입니다.

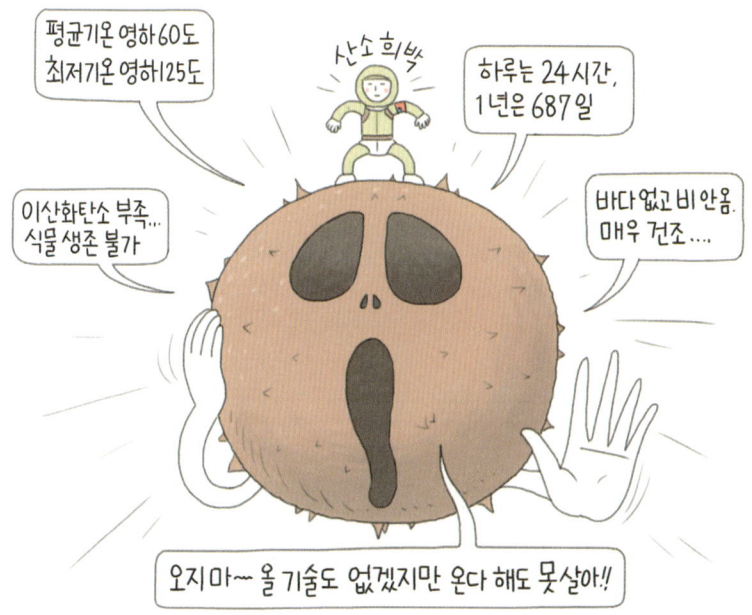

43

지구에만 생명체가 있다면 공간의 낭비다?

"이 넓은 우주에서 오직 지구만이 생명의 구역이라면, 그것은 공간의 낭비다."
다큐멘터리 "코스모스"로 유명한 칼 세이건이 자주 한 말입니다.
그의 자전적 소설을 원작으로 한 영화 "콘택트"에도 이 말이 나오는데요.
하지만 무작위로 만들어진 우주에 '낭비'라는 단어가 어울릴까요?
그건 무언가 계획하거나 효율을 고려할 때 쓰는 표현이 아니던가요?
넓은 축구장에서도 축구공 하나면 충분합니다.
드넓은 경기장에 왜 작은 공 하나뿐이냐고 물을 수 있을까요?
단지 누군가에 의해 우주가 그렇게 설계되었을 뿐입니다.

우연일 수 없는 규칙들

영화 "콘택트"에는 우주에 각종 정보를 쏘아 올리고 외계인의 신호를 기다리는 SETI 프로젝트를 실행한 사람들이 나옵니다.
어느 날 주인공은 규칙적인 신호를 듣고 흥분하면서 본부로 돌아갑니다.
"우리가 기다려 온 거야. 이건 숫자야. 이건 3이고 아까 건 2였어.
2, 3, 5, 7…. 다 소수이고, 우연일 리가 없어!"
그러나 자연에 새겨진 법칙이나 복잡한 유전자 정보의 규칙은 무엇일까요?
그런 건 다 저절로 되었다면서 우주의 단순한 신호는 우연이 아니라고요?
아무리 외계인이 좋아도 최소한의 양심은 챙겨야 과학이지요.

45

우주에서 물이 발견되었다?

무인 탐사선이 보내오는 화성 촬영 사진 속에 물이 흐른 흔적이 있다든지, 물이 존재할 가능성이 있는 행성이 몇 개 존재한다는 식의 이야기를 자주 듣게 되는데, 사람들은 왜 '물'에 집착할까요? 물이 있어야 생명체가 살 수 있기에, 지구 외에도 생명체가 존재하는 행성이 있다고 주장하려는 것입니다. 물이 발견된 곳도 없고 믿을 수도 없지만, 설령 물이 있다 한들, 물에서 어떻게 생명체가 나올까요? 물을 수천 억 년 관찰해도, 거기에 번개와 천둥이 치고 온갖 변화가 와도 생명체가 나오지는 않습니다. 이것이 과학이고 상식입니다.

지구의 나이는 성경대로 매우 짧다

지구와 우주의 연대는 측정이 불가능합니다.
창조론과 진화론 모두 해석의 체계인 기원 과학입니다.
그러나 진화론에서는 마치 밝혀진 사실처럼
빅뱅과 진화를 이야기하지만, 사실 어떤 증거도 없지요.
시간을 아무리 늘려도 저절로 생명이 나오거나 진화하지 않습니다.
인류의 기원과 과학적 사실도 젊은 지구와 우주를 지지하고,
공룡의 연부 조직이 부지기수로 발견되는 등
과학이 발달할수록 긴 연대의 허구는 무너지고 있음을 기억하세요.

3장. Dinosaur & Flood

공룡에 대한 진실과 노아의 대홍수

공룡은 정말 멸종된 것일까.
역사 속 공룡과 성경의 용은 어떤 연관이 있을까.
전 세계적 대격변인 노아의 홍수는 정말 있었을까.
이에 관한 가장 상식적인 증거들을 소개합니다.

47

공룡은 정말 멸종됐을까?

공룡은 거의 멸종된 것이 사실입니다.
하지만 진화론자들의 말처럼 6,600만 년 전에 다 사라진 것은 아닙니다.
최근까지도 공룡과 비슷한 동물이 잡히거나 촬영되고 있기 때문입니다.
1920년대에 캘리포니아 해변에서는 공룡처럼 생긴 동물이 죽은 채 발견됩니다.
1967년에 뉴질랜드 근해에서는 일본 원양 어선이 길이 10미터의
죽은 지 일주일 정도 된 공룡을 포획합니다.
이 놀라운 사건에 일본은 우표까지 발행해 기록으로 남기기도 했습니다.
2017년에는 필리핀 바다에서 죽은 동물을 끌어냈는데, 공룡에 가까웠습니다.

지구의 모든 강과 바다, 밀림을 동시에 지켜볼 수 없다면 장담하지 마.

공룡의 연부 조직, 과연 지금 발견될 수 있나?

적혈구나 단백질, 근육 등의 연부 조직은 생물이 죽은 상태에서는 오래 보존될 수 없는 물질입니다. 그것들은 세월이 지나면 광물화됩니다. 그런데 공룡의 연부 조직이 발견되었다면 역사는 수정되어야 하지 않을까요? 진화론자들은 그토록 긴 시간 동안 연부 조직이 보존되었다고 우깁니다. 하지만 한두 건이 아니라서 전수 조사를 해야 할 지경입니다. 어떤 공룡알 화석에는 푸른색의 색소까지 아직 남아 있습니다. 2012년경 미국의 "60분"이라는 추적 르포에서는 직접 실험을 통해 적혈구와 단백질 등 공룡의 연부 조직을 확인하기도 했습니다.

49

공룡은 오래된 동물이어야만 해!

공룡은 그리 오래된 동물이 아니라는 사실이 드러나도
진화론에서는 끝까지 부인하려고 합니다. 돌이키기엔 너무 늦었다는 거죠.
공룡 박람회나 박물관, 축제 등 모든 공룡 관련 행사와 돈벌이는
공룡이 오래전에 멸종된 동물이라는 신비감을 이용합니다.
영화와 도서 등 미디어도 다 이런 식으로 마케팅을 해왔기 때문에
그간의 연구와 주장이 모두 허구임을 인정할 수 없는 것입니다.
그들에게 진화론의 시간표는 목숨과도 같은 밥줄입니다.
하지만 과학은 결코 그들의 편이 아닙니다.

12간지 중 왜 용만 상상 속의 동물일까?

불교의 설화에서 시작된 것이지만, 우리나라와 중국을 포함한 아시아 지역 고대 국가들은 모두 12간지의 '띠'를 가지고 있습니다.
자축인묘진사오미신유술해.
12개의 동물은 쥐, 소, 범, 토끼, 용, 뱀, 말, 양, 원숭이, 닭, 개, 돼지입니다.
모두 실생활에서 흔히 만날 수 있는 동물들이지요.
그런데 왜 용만은 상상 속의 동물일까요?
용이 원래 공룡이었는데 거의 멸종되어 눈에 보이지 않으니 점점 이야기 속의 동물로 이해되었기 때문입니다.

51

가끔 보는 익룡…

어제 병사들과 싸우던 녀석…

17세기의 화가

이 구역의 최강자…

2세기경의 예술가

신대륙 발견 전의 인디언

고대 사람들이 새긴 동물은 무엇일까?

오래전에 살았던 사람들, 공룡이 무엇인지도 몰랐던 사람들이 작업한 예술품이나 그림에는 공룡과 비슷한 것들이 많습니다.
이집트 나일 강 유역에서 발견된 나일 모자이크에는 "악어 표범"이라는 글씨와 함께, 병사들이 공룡과 같은 동물과 싸우는 모습이 있습니다.
800년 전 캄보디아 크메르 문명의 유적지인 타 프롬 사원의 한 문짝에는 스테고사우루스와 같은 동물이 조각되어 있습니다.
그 밖에도 인디언 문명이나 17세기 유럽 도서의 삽화에도 공룡과 익룡이 등장합니다. 그들은 분명 공룡을 본 것이 맞습니다.

공룡이 살지 않던 시대에 공룡상을 만든다?

주전 800년에서 주후 200년까지 살았던 멕시코 아캄바로 문명의 사람들은 수백 개의 공룡 점토상을 만들었습니다.
공룡은 6,600만 년 전에 다 멸종되고 19세기에 화석들이 발견되었는데, 어떻게 알지도 못하고 보지도 못한 동물의 상을 만들까요?
그들이 만든 공룡상은 화석을 바탕으로 그린 삽화보다 더 정확합니다. 사람이 공룡과 싸우는 모습이 표현되기도 했습니다.
발견자인 독일의 고고학자 줄스루드가 조작했다는 의심을 받았지만, 그가 이주하기 전에 지어진 집터에서도 발견되어 사실로 밝혀졌습니다.

3장. Dinosaur & Flood

53

역사 기록에 남은 '용'은 바로 '공룡'

탐험가 마르코 폴로는 1271년에 중국을 방문했을 때
황제가 용들을 사육해서 자기 수레를 끌게 한 것을 보았다고 썼습니다.
알렉산드로스 대왕은 주전 326년에 인도를 정복했을 때
동굴에 사는 큰 용들 때문에 병사들이 두려워했다고 기록했습니다.
중국에서는 용의 등뼈를 약재로 팔았다는 기록이 남아 있습니다.
이런 기록에 나오는 동물은 무엇이겠습니까?
알지도 못하는 동물을 어떻게 기록할까요?
이런 기록은 그 동물이 상상 속의 존재가 아닌 공룡임을 보여줍니다.

상형 문자인 한자 속의 공룡

용(龍)이라는 글자를 보십시오.
한자는 형태를 지닌 상형 문자에서 시작되었습니다.
이 글자가 어떤 모양을 표현한 것이냐고 중국인들에게 물으면
오른쪽의 부수가 용의 등뼈를 형상화한 것이라고 대답합니다.
하지만 하늘을 날고 승천하는 용에게는 저런 등뼈가 없습니다.
그것은 분명 일상에서 접하던 공룡이 틀림없습니다.
등이 마치 스테고사우루스처럼 생긴 동물을 나타낸 이 글자가
사람과 함께 살았던 공룡의 존재를 잘 보여줍니다.

55 성경의 '용'은 우리가 아는 실제 '공룡'

영어 성경에는 dragon(용)이라는 단어가 나옵니다.
이것을 상상 속의 동물인 용으로 생각하는 분들이 많은데요.
여의주를 물고 승천하는 동양적인 용이나
영화나 게임에 등장하는 거대한 용들을 떠올리곤 합니다.
하지만 dinosaur(공룡)라는 단어는 19세기에 처음 공룡 화석을 발견하고
공포(dino)의 도마뱀(saur)이라는 의미로 새로 만든 단어입니다.
그러므로 성경의 용은 오래전 사람들이 이해할 수 있었던 공룡이지만
거의 멸종된 이후로는 상상 속의 동물로 인식된 것입니다.

시조새, 난 새의 조상이 아니야

진화의 아이콘 중 시조새만큼 유명한 것도 드뭅니다.
모두가 학교에서 배운대로 시조새를 새의 조상이라고 알고 있지요.
하지만 시조새는 그냥 새의 한 종류일 뿐입니다.
10개도 안 되는 화석이 남아 있을 뿐이고, 그중에 두 건은 조작이었죠.
1984년 미국 시조새학회는 시조새가 새의 조상이 아니라고 발표했습니다.
또한 시조새보다 더 오래된 지층에서 새의 화석이 나오기도 했으니
도무지 앞뒤가 맞지 않습니다.
조상보다 더 오래된 지층에서 나오는 후손도 있나요?

모든 문명의 발생 시점

세상의 여러 문명들은 대개 비슷한 시기에 시작되었습니다.
대략 지금으로부터 4천여 년 전이라고 합니다. 단군 신화의 시기도
4,400년 전쯤이고요. 도대체 그때 무슨 일이 있었던 것일까요?
이 시기는 바로 노아의 홍수가 끝난 시점입니다.
노아의 후손들은 몇 세대가 지나지 않아 바벨탑을 쌓게 되고,
이에 진노하신 하나님은 그들의 언어를 흩어
민족들이 온 세상 구석구석으로 흩어지게 하셨습니다.
이것이 모든 문명의 시작이 됩니다.

노아의 세 아들과 온 인류

과학자들이 인류의 질병에 대해 연구하다가 흥미로운 사실을 발견했습니다.
사람의 유전자가 유럽, 아시아, 아프리카 등
크게 세 부류로 나뉜다는 사실을 발견했기 때문입니다.
이는 멀지 않은 과거에 인구가 극도로 축소된 적이 있음을 의미합니다.
홍수 심판 이후에 살아남은 사람은 여덟 명뿐이었지요.
노아는 이미 늙었지만 세 아들 부부는 이후로 자녀를 계속 낳았고,
그 후손들은 온 민족을 이룹니다.
그러므로 노아의 아들 세 부부가 인류의 실제적인 조상입니다.

노아는 방주의 선장이 아니었다

노아의 방주를 신화라고 생각하는 사람이 많지만
수많은 역사적·과학적·자연적 증거가 남아 있는 실제 사건입니다.
하지만 노아는 방주의 항해사도 선장도 아니었습니다.
하나님이 그 방주를 책임지고 끝까지 함께하셨습니다.
그래서 성경은 방주로 "들어가라"가 아닌 "들어오라"로 기록합니다.
또한 노아의 가족과 모든 동물이 방주에 타자
하나님께서 친히 방주의 문을 닫으셨다고 말합니다.
노아 가족의 생존은 하나님의 개입으로 가능했던 것입니다.

전 세계에 남아 있는 뚜렷한 홍수 설화

노아의 방주는 갑판이 없는 긴 상자 모양의 배였습니다. 터키와 이란과 아르메니아의 접경인 아라랏 산에 멈췄다고 기록된 이 방주는 많은 목격담과 증거가 있다고 하지만 현재 확인할 길은 없습니다. 하지만 방주를 만들던 터와 역청이 함유된 고페르 나무 등이 발견되기도 했지요.

'배 선'(船) 자는 '배 주'(舟)에 '여덟 팔'(八)과 '입 구'(口)가 더해진, 즉 노아의 여덟 식구를 의미하는 것으로 여겨집니다.

전 세계의 많은 문화에 노아 홍수와 매우 유사한 홍수 설화가 있습니다. 중국에 남아 있는 '누아'의 홍수 설화는 성경과 거의 똑같습니다.

4장. Evolutionism and Crime

진화론의 무지와 폐해

진화론을 이루기 위한 잘못된 과학 정보들.
그것이 정당화한 수많은 죄악과 폐해들.
과학에 대한 오해가 만드는 치명적 오류를 알아봅니다.

대진화와 소진화

대진화는 한 종이 다른 종으로 완전히 바뀌는 진짜 진화입니다.
소진화는 종 안에서 다양한 모습을 띠는 것입니다.
개과의 동물은 개와 늑대, 여우, 코요테, 딩고 등으로 분화되었는데,
이것은 얼마든지 가능한, '종 안에서의 다양화'입니다.
성경에서도 하나님은 여러 번 "종류대로" 번성하라고 하셨습니다.
종류란 진화론의 종(種) 개념이 아니라 과(科)나 강(綱) 정도의 영역입니다.
그 안에서 다양성을 띠는 것은 자연이 보여주는 현상입니다.
그러나 종과 종 사이의 교류나 변화, 즉 대진화 현상은 전혀 없습니다.

수억 년 전과 똑같은 생물들

진화론자들이 '살아 있는 화석'이라고 부르는 생물들이 있습니다.
아주 오래전에 멸종된 줄 알았는데 아직도 발견되는 것들입니다.
투구게라든지 실러캔스와 같은 물고기 등인데요.
왜 그런 생물들은 전혀 진화하지 않고 그 모습 그대로 잡힐까요?
왜 다른 생물들은 진화했다면서 이들은 하나도 변하지 않은 것일까요?
그런 녀석들은 그저 개체 수가 줄어서 눈에 띄지 않는 것일 뿐,
다른 어떤 생물도 진화했다는 흔적은 없습니다.
수억 년 전이라는 지층에서도 완성품(?)만 나온다는 점을 잊지 마세요.

지질 주상도와 화석 연대의 순환 논리

진화론의 지질 시대를 구분하는 중요한 기준 중 하나는
지질 주상도인데, 이것은 퇴적암 층들의 배열입니다.
지질학자들이 19세기에 나온 화석을 기준으로 매긴 지층의 분류도인데요.
그 뒤로는 이것을 수정한 적이 없고, 새로 나오는 화석은 이 표에 따라
시대를 지정하므로 순환 논리가 되는 것입니다.
그러나 이 표와는 다른 지층이 수백여 곳 이상 발견되었고, 또
뒤죽박죽으로 발견되는 것이 실제 현상입니다.
또한 지질 주상도의 여러 고생대는 상상의 산물에 불과합니다.

종의 정지는 불변의 실제 데이터

진화론자 스티븐 제이 굴드는 동료 엘드리지와 이렇게 주장했습니다.
"종의 불변성은 실제 데이터인 것이다.…25년간의 끈질긴 설득으로
이제 우리의 주장은 일반 학자들에게 마침내 인정받게 되었다.
우리는 '종의 불변성은 실제 데이터'라는 모토를 내걸었고,
아침 식사 전에 열 번씩 이 모토를 외칠 것을 촉구했다.
이렇게 함으로써 이 (무진화의) 개념이 은연중에라도 스며들게 될 것이다."
화석을 연구하는 세계 최고의 고생물학자가 하는 말입니다.
종과 종 사이의 중간 종, 이른바 잃어버린 고리는 존재하지 않습니다.

엑스맨을 탄생시킨 바람직한 괴물 이론

종의 중간 형태의 화석이 없음을 주장한 굴드와 엘드리지는 기존 진화론을 부정하는 다른 진화론을 주장했는데, 그것이 바로 '단속 평형설'입니다. 이것은 좋은 쪽으로 나아가는 돌연변이, 이른바 '바람직한 괴물'이 등장해 가파른 진화를 이루었다가 오랜 기간 평형 상태를 유지한다는 이론입니다.

그렇기 때문에 중간 종의 화석이 발견되기가 어렵다는 것이지요.

갑작스러운 폭발적 진화라는 이 이론은 초자연적 능력을 지닌 의인들의 이야기인 "엑스맨"의 피날레에 등장합니다.

급격한 변화에 의해 진화가 가능하다는 논리를 내세운 것입니다.

돌연변이와 진화론의 딜레마

돌연변이가 없으면 진화는 불가능합니다. 진화론자들은 초파리를
방사능 충격으로 급히 번식시키는 실험을 했습니다.
그러나 천 세대가 넘게 번식된 초파리들은 단 하나도 더 나은 존재가 없었고,
모두 몸이 휘거나 날개가 없거나 번식하지 못하는 기형뿐이었습니다.
일본 방사능 오염 지역에서는 귀가 없는 토끼가 나오기도 했는데요.
이런 동물들이 더 나은 존재로 진화할 수는 없습니다.
돌연변이가 진화의 유일한 수단인데 이 방법으로는 성공할 수 없다는 것,
이것이 진화론의 아이러니이자 딜레마입니다.

67

복구와 세포 자살이 이루어지지 않으면?

돌연변이가 발생하는 것은 사실입니다.
그러나 그것은 결코 진화로 연결되지 않습니다.
돌연변이가 일단 발생하면, 먼저 복구가 이루어집니다.
그러나 그것이 여의치 않을 때는 '세포 자살'로 연결되어 소멸합니다.
복구와 세포 자살이 이루어지지 않으면 어떻게 될까요?
이런 세포들은 해로운 세포, 즉 암세포가 되는 것입니다.
암세포가 어떻게 진화하여 다른 종으로 변할 수 있겠습니까?
돌연변이는 진화는커녕 재앙과 사망을 부를 뿐입니다.

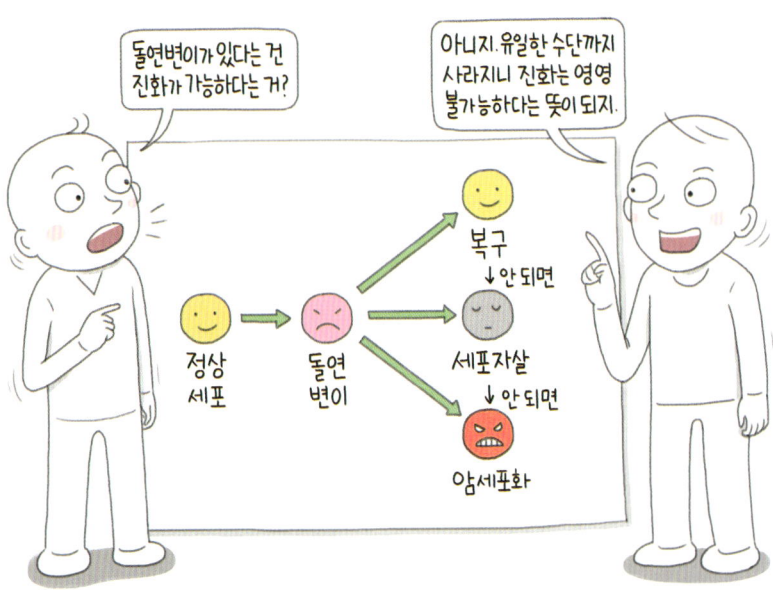

진화가 그리 간단히 스스로 이루어질까?

'휴대폰의 진화'라고 하면 기능이 더해지고 더 작아지는 등
훨씬 발전한 상태를 일컫는 말입니다.
그러나 휴대폰이 혼자 진화했을까요?
수많은 연구자가 엄청난 돈과 축적된 기술력을 사용해 이루는 것이죠.
진화는 저절로 일어나지 않습니다.
그대로 두면 자연은 퇴보하고, 동물은 죽으며, 식물은 시듭니다.
휴대폰보다 비교할 수 없이 정교한 생물체가 만들어졌다는 사실은
오히려 설계와 창조의 개입이 있었음을 입증합니다.

69

진화론과 유물론이 설명할 수 없는 세상

원자들을 특성에 따라 부를 때는 '원소'라고 합니다.
성경은 하나님이 사람을 흙으로 지으시고
코에 생기를 불어넣으셨다고 말합니다. 창2:7
진화론은 모든 것이 우연히, 저절로, 어쩌다 여기까지 왔다고 말합니다.
하지만 세상과 물질은 어떠한 정교한 기계보다
복잡하게 설계되었고, 정확하게 가동됩니다.
모든 것은 물질에 불과하다는 유물론으로는
인간의 기원과 세상의 원리를 결코 설명할 수 없습니다.

생명은 생명에서만 나온다

다윈의 시대까지도 생물이 저절로 생겨난다고 믿는 사람이 많았는데요.
쌀에서 쌀벌레가 생기고, 시궁창에서 쥐가 생긴다는 식으로
외부에서 유입되지 않은 생명체가 생겨난다는 겁니다.
유산균에 관한 연구로 유명한 과학자 파스퇴르는 고깃국물이 담긴
백조목 플라스크의 휘어진 부분에 물을 채워 미생물의 유입을 막고
며칠을 기다렸지만, 국물은 썩지도 않고 아무 일도 일어나지 않았죠.
이로써 생명은 반드시 생명에서만 나온다는 '생물 속생설'이 수립되었습니다.
자연 발생설이 비과학이듯 진화론도 과학이 아닙니다.

동물원에 인간을 전시했던 사람들

1904년 미국 세인트루이스에서 열린 만국 박람회장 한쪽에는 아프리카에서 강제로 잡아 온 피그미 족 사람 몇 명이 진화가 덜 된 '동물과 인간의 중간쯤 되는 존재'로 전시가 됐습니다. 그들 중 오타 벵가라는 청년은 뉴욕의 브롱스 동물원으로 팔려 갔고, 원숭이 우리 속에 마련된 특별 전시실에 갇혔습니다. 구경거리가 된 그는 큰 스트레스를 받아 성격이 점점 사나워졌고, 동물원에서 받은 상처로 인해 35세에 우울증으로 자살하고 맙니다. 이 사건은 귀한 창조물인 사람을 진화의 산물로 본 만행이었습니다.

멀쩡한 사람을 진화의 중간 단계로 만들다

멕시코 여성 줄리아 파스트라나는 몸에 털이 많고 잇몸이 돌출되는 잇몸 증식증 탓에 늑대 인간이나 진화가 덜 된 존재로 오해를 받았습니다.
미국의 공연 기획자 렌트는 그녀를 전시하면서 돈을 버는 프릭 쇼 순회공연을 했지만, 의외로 그녀는 무척 영리한 보통 사람이었지요.
렌트는 그녀와 결혼해 아이까지 낳았지만 줄리아와 아이는 함께 사망합니다.
하지만 렌트는 그녀를 미라로 방부 처리해 계속 돈벌이를 했습니다.
줄리아의 시신은 150여 년 만인 2012년에 고향 땅으로 돌아갔습니다.
인간의 사악함이 생명에 대한 그릇된 시선과 만나 벌어진 비극이었습니다.

73

사람이 유인원에서 진화했다고?

사람과 침팬지의 유전자가 2%만 다르고 거의 비슷하다는 이야기, 많이 들어 보셨겠지요. 하지만 이것은 사실이 아닙니다. 밝혀지지 않은 유전자는 뺀 상태이며, Y염색체는 많이 다릅니다. 사람의 엄지발가락과 유인원의 엄지발가락은 방향 자체가 다르며 진화했다는 중간 단계는 전혀 증거가 없고 화석도 없지요. 또 사람에게 유인원의 피를 주입하면 죽는데, 대체 언제부터 피의 성분이 달라졌는지 진화론은 설명하지 못합니다. 그래서 진화론자들도 둘 사이에 연관이 없다고 인정하기도 합니다.

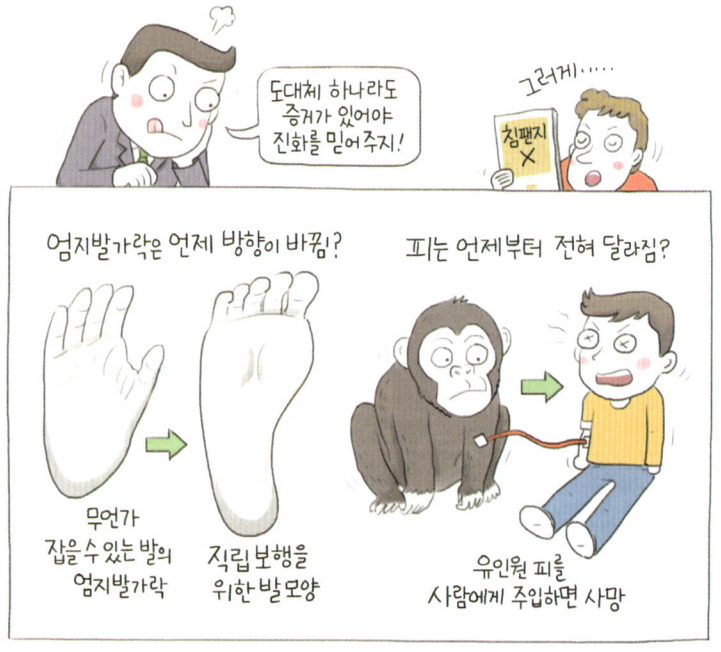

나는 흑인

나는 백인

나는 황인

인간은 오직 한 종류뿐

우리가 흑인, 백인, 황인이라는 말을 사용하고 있긴 하지만
인간은 오직 한 종류밖에 없음을 반드시 기억해야 합니다.
사람은 혈액형만 맞으면 어느 나라 어떤 인종의 피도 수혈할 수 있습니다.
그러나 아무리 진화된 것처럼 보이는 유인원의 피도
사람에게는 아무 쓸모가 없습니다.
아무리 미개해 보이는 부족도 우리와 똑같은 복잡한 언어 체계가 있고,
그들 중 누구라도 교육을 시키면 무엇이든 될 수 있습니다.
인간은 여러 특성을 지닌 다양한 모습으로 분화된 것일 뿐입니다.

하긴 요즘은 누가 백인이고 흑인인지 모를 사람도 많더라~

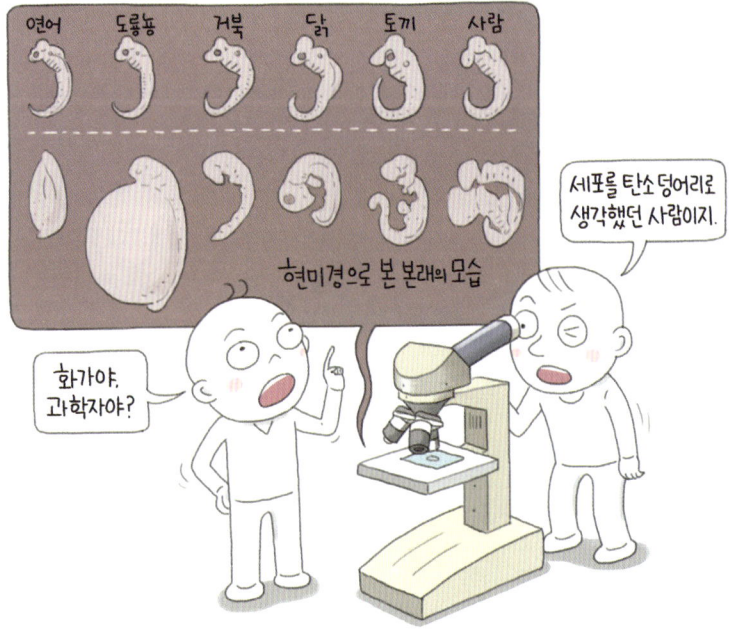

발생 단계는 다 똑같다는 배 발생도 조작 사건

수정란에서 각 동물로 태어나기까지의 과정이
모든 동물마다 거의 비슷하다고 주장하는 이론이 있습니다.
말하자면 초기에는 하등한 생물이라 거의 비슷하지만
태어날 때가 될수록 각자 다른 특성으로 발전한다는 것입니다.
그러나 이것은 에른스트 헤켈이 배의 그림을 조작해서 만든 이론으로,
백여 년간 교육 자료로 사용된 가짜 이론입니다.
이 이론은 사람조차 초기에는 똑같은 하등 동물이라 주장했는데,
낙태를 정당화하는 근거로 사용되기도 했습니다.

배 발생도를 조작한 헤켈의 뻔뻔함

배 발생도를 조작했던 헤켈은 조작 사실이 들통나자 이렇게 말했습니다.
"나는 이 조작으로 비난받고 파멸하는 것이 마땅하지만,
존경과 신뢰를 받는 다른 동료 학자들도 같은 잘못을 범했으므로
내게도 일말의 동정이 요구된다.
최상급 논문과 교과서에도 비슷한 수준의 조작이 있다."
조작을 인정하면서도 다른 이들도 끌고 들어가는 모습입니다.
더 중요한 것은 그런 조작들을 통해 거짓이 사실이 되고
인간과 동물이 동일시되는 진화론이 전파되었다는 사실입니다.

77

"사람도 우열을 나눠 레시피를 만들면…."

"유전학에 대한 무지의 결과임."

골턴의 우생학, 인종 차별에 이용되다

찰스 다윈의 사촌으로 진화론에 크게 감명받은 프랜시스 골턴은
자신의 가문에서 뛰어난 인물이 많이 나온 사실을 보고
유전학에 관심을 가지게 되었습니다.
1865년에 발표한 논문에서는 교배 기술로 동식물의 품종을 개량하듯이
다른 인종에 비해 모든 면에서 탁월한 인종을 만들 수 있다고 주장했습니다.
이 개념에서 나온 학문이 바로 우생학입니다.
우생학은 1900년에 멘델의 법칙이 재발견된 이후 무너졌지만,
노예사냥과 인종 차별, 인종 청소와 학살의 근거로 오랫동안 악용되었습니다.

히틀러의 유대인 학살과 진화론

다윈은 자신의 책 『인간의 혈통』에서 "자연 선택은 궁극적으로 야만 족속을 제거하고 문명화된 인간 족속을 선택하는 것"이라고 했습니다. 그가 주장한 '자연 선택'이란 진화하는 과정에서 우수한 종이 살아남는다는 이론으로, 문명인이 그렇지 못한 사람들을 다 없애 지적이고 고등한 세상으로 만들어 가는 과정입니다. 제2차 세계대전의 전범 아돌프 히틀러는 열정적인 진화론 숭배자로서 유대인들을 '제거해야 할 불필요한 종족'이라고 생각하며 학살했는데, 이 행위가 자연 선택의 한 과정이라는 논리로 대중을 설득했습니다.

79

과학의 무지가 불러온 인종 차별의 역사

진화론은 흑인을 유인원과 백인 사이의 중간 단계로 인식했고,
오만한 과학자들의 망언을 정당화했습니다.
1961년에 풋남은 이렇게 말했습니다.
"흑인이 백인처럼 진화하려면 거의 무한대의 시간이 필요하다….
5천 억 년에 걸친 돌연변이와 자연 선택에 의해서
흑인은 백인을 능가할 수 있는 가능성을 갖게 될 것이다."
그러나 이는 근거 없고 무지한 주장입니다.
백인보다 뛰어난 흑인과 무능하고 악한 백인도 많은 것이 현실입니다.

죽은 자에게 수여되는 '다윈 상'을 아시나요?

웬디 노스컷이라는 사람은 사고로 죽은 이들 중 일부를
매년 선정해 상을 주고 목록으로 만들었습니다.
이것이 일명 '다윈 상'입니다.
이 상의 수상 조건은
자신의 죽음에 스스로 원인을 제공해야 하며,
보통 이하의 지능을 지닌 사람이어야 한다는 것 등입니다.
자신의 멍청한 유전자를 세상에서 스스로 제거했기 때문에
상을 준다는 것입니다. 진화를 위해서
스스로를 포기했다는 의미로 다윈의 이름이 붙은 것이죠.
동일한 인격을 지닌 사람을 조롱하고 경시하는 행위는
만물이 모두 물질에서 비롯되어 진화했다는
악한 사상 때문입니다.

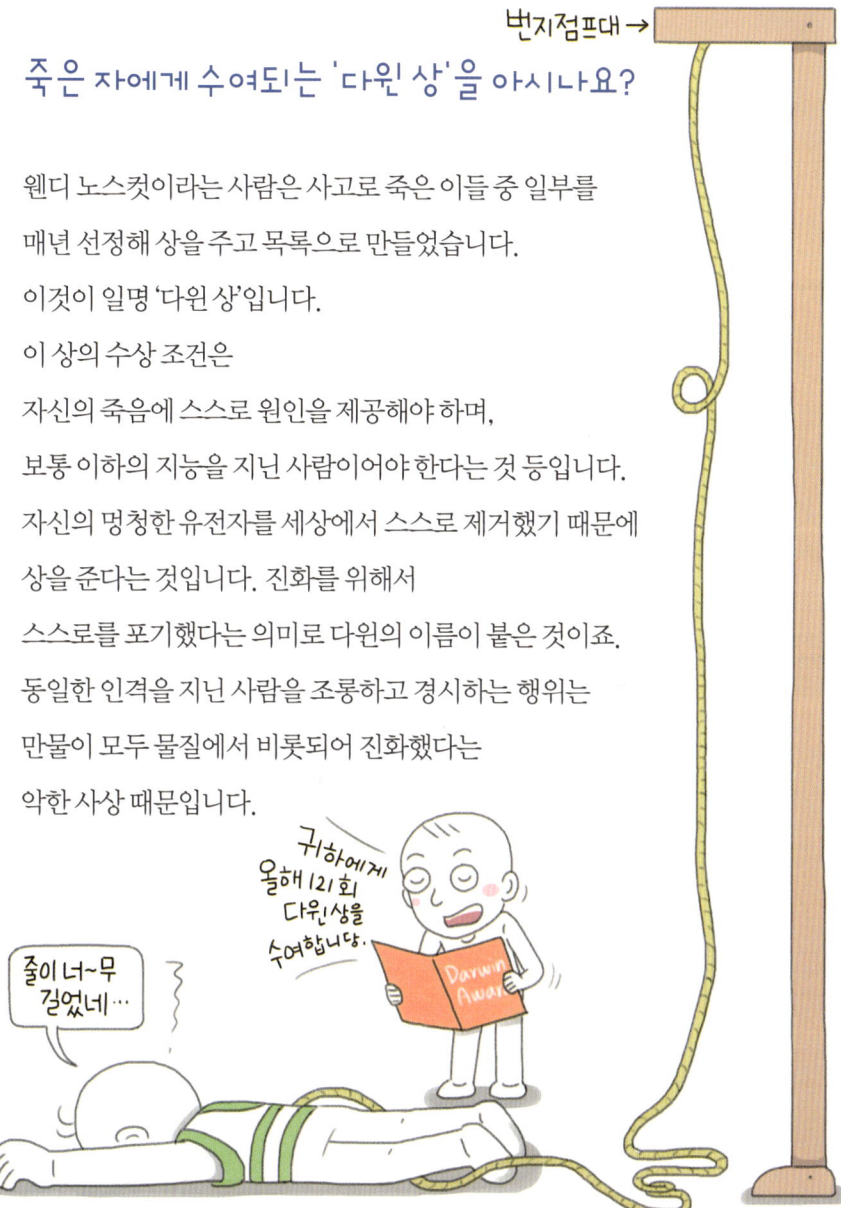

4장. Evolutionism and Crime

81

'날아다니는 스파게티 괴물교'를 아시나요?

'날아다니는 스파게티 괴물교'라는 종교가 있습니다.
미국 캔사스 주에서 지적 설계론도 학교에서 함께 가르쳐야 한다는
법원 판결이 나오자, 이에 반발한 바비 핸더슨이 만든 종교입니다.
이들은 존재하지 않는 신이 만물을 창조할 수 있다면,
스파게티 괴물에게도 모든 것이 가능할 거라고 조롱합니다.
이들은 기독교의 많은 부분을 패러디하면서,
세상의 모든 주요 장면에 스파게티 괴물이 함께했다고 주장하는 등
지적 설계와 창조를 거부하기 위해 신성모독의 절정을 보여줍니다.

죄인도 무죄가 되는 진화론의 법정

진화론은 여러 가지 이름으로 과학을 넘어 인문 분야까지 훼손합니다.
특히 법정에서는 진화론이 도덕과 규율과 미풍양속까지 재해석해
피고를 감싸는 일에 활용됩니다.
모두 외부 자극으로 인한 것이기 때문에 정상참작이 가능하다는 식입니다.
술, 어린 시절의 트라우마, 사회적 악영향 등을 이유로
오늘도 많은 흉악범들이 솜방망이 처벌을 받고
피해자는 가해자로 둔갑하기도 합니다.
사람을 하나의 물질로 바라보면, 어떤 문제도 더 이상 문제가 아닙니다.

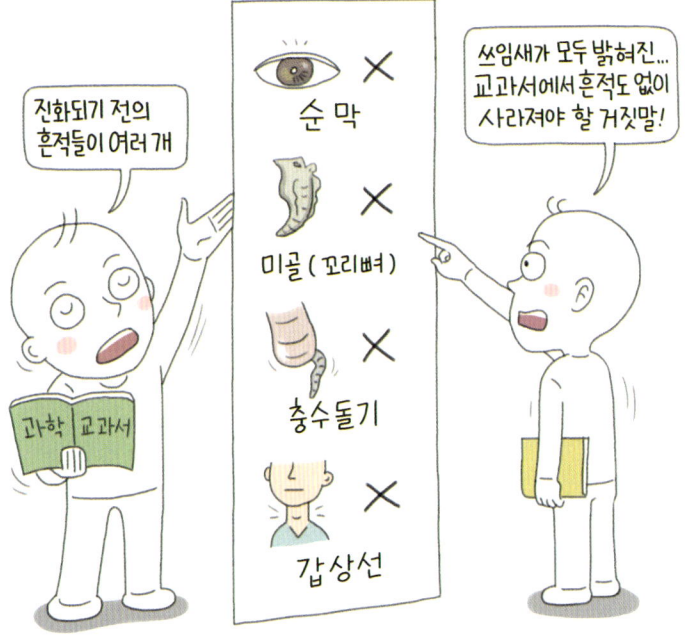

흔적이 아닌 흔적 기관이 180여 개라고?

오래전부터 교과서에 흔적 기관이라는 개념이 소개되었습니다.
진화하기 이전의 신체 기관이라 지금은 쓸 데가 없다는 이론이죠.
1930년대까지 180여 개를 분류했는데, 갑상선, 편도선, 꼬리뼈, 충수 등을
몸에서 떼어 내도 아무 이상 없다고 생각해 왔습니다.
하지만 현대 의학에서는 거의 모든 기관들이 제각기
크고 작은 필수적 기능들을 담당하고 있는 것으로 밝혀지고 있습니다.
과학이 발달할수록 진화가 아닌 창조가 드러납니다.
어느 것이 참된 과학이고 진실인지 말해 주는 것입니다.

자녀 사랑과 종족 보존의 본능?

진화론에서는 모든 생물이 최대한 오래 생존하려는 본능을 지녔다고 하지요.
그러기 위해서는 두 가지 방법이 있는데,
바로 스스로 오래 사는 것과 자기 분신인 자손을 퍼뜨리는 방법입니다.
그래서 부모와 자식도 별다른 인연이 아닙니다.
아무리 자식이라도 자기 생존에 해가 된다면 부모를 해쳐서라도
살아남아야 하기 때문에, 진화론에서는 큰 죄가 아닙니다.
자식을 무한히 사랑하는 일조차도 생존 본능 차원에서 나올 뿐입니다.
그래서 진화론은 철저히 이기적인 개념입니다.

85

라이거 같은 잡종은 다른 종으로 변할 수 있을까?

종이 근접한 동물끼리는 인공 교배를 통해 잡종을 만들 수 있습니다.
하지만 스스로 다른 종과 교미하는 동물은 전혀 없습니다.
사자와 호랑이의 잡종인 라이거, 얼룩말과 말의 잡종인 조스 같은 동물이
다른 동물을 낳으면서 진화할 수 있을까요?
이런 동물들은 다른 종으로 변화하는 과정에 있는 것이 아닙니다.
이들은 제대로 된 생식 기관을 갖추지 못한 채로,
즉 새끼를 못 낳는 불임 상태로 태어나므로 후손을 이어 갈 수 없습니다.
진화는커녕 하나님이 말씀하신 "종류"를 벗어날 수 없는 것이 생물입니다.

이론 안에서는 안 되는 게 없는 진화론

맨몸으로 물 위를 걸어 태평양을 건너는 방법이 있습니다!
먼저 한 발을 내딛고, 빠지려고 하면 얼른 다른 발을 디딥니다.
그 발이 빠지려고 할 때 또 다음 발을 디디고…. 계속 이렇게 하면 됩니다.
황당한 이야기가 아닙니다. 그게 가능하기만 하다면요.
하지만 가능하지 않죠. 진화론은 이처럼 이론만 존재하는 학설입니다.
실제로 이루어지지도 않고, 관측된 증거도 없습니다.
진화론은 그저 화려한 이론이고 추측일 뿐입니다.
그것은 맨몸으로 태평양을 건너는 일보다 몇 만 배는 어려운 일입니다.

5장. Quote and Truth

과학자들의 어록을 통해 본 진실

창조론자, 지적 설계론자, 진화론자들이 남긴 말.
그 안에 담긴 진실들….
진화론자들은 무엇을 믿고 있을까요?

87 나는 불가능한 것을 믿기로 했다?

"생명의 기원은 단 두 개의 가능성만이 있다. 그것은 신의 초자연적 창조 혹은 우연 발생 진화다. 이 외에 또 다른 가능성은 없다. 자연 발생은 이미 120년 전에 루이 파스퇴르 등에 의해 가능성이 없는 것으로 판정이 났으므로, 신의 초자연적 창조라는 단 하나의 결론만이 남게 된다.
그러나 나는 철학적인 이유 때문에 신을 믿을 수 없다.
그러므로 나는 과학적으로 불가능한 것을 믿기로 했다.
그것은 바로 생명이 우연히 발생하여 진화했다는 것이다."
노벨상 수상자 조지 월드의 솔직한 고백이 진화론의 정체를 보여줍니다.

시간의 기적을 믿는다?

하버드 대학의 조지 월드 교수는 이런 말을 했습니다. "생명의 기원이 적어도 처음 한 번 형성된 현상 속에 포함되기 때문에 시간이 그것을 거들어 주고 있다는 것이다.…충분한 시간이 주어진다면 적어도 한 번은 확실히 발생할 것이다.…시간이란 사실상 계획의 영웅이다. 그렇게 많은 시간이 주어진다면 '불가능한 것'이 가능해지는 법이며, 가능한 것이 있을 법해지고, 있을 법한 것이 실로 확실해진다. 우리는 기다리기만 하면 된다. 시간 자체가 기적을 행하는 법이다." 이것은 사실이 아닙니다. 긴 시간은 오히려 파괴와 부패를 부릅니다.

진화는 사실이어야만 해!!

진화 과학자인 리처드 르원틴은 이런 말을 했습니다.
"우리는 우리의 선제적 전제 때문에 그것이 아무리 직관에 반하고 황당하게 보일지라도, 유물론적 설명을 도출해 내는 조사 방법과 일련의 개념들을 만들어야 한다.
나아가 그 유물론은 절대적인 것인데,
왜냐하면 우리는 신적 존재를 초대할 수 없기 때문이다."
물질 스스로 생존해 왔다는 진화론은 유물론에 기반을 둡니다.
다른 것은 아무리 타당해도 믿지 않겠다는 것이 과학일까요?

진화가 사실이 아니어도 어쩔 수 없다?

최대의 과학 사기꾼 찰스 도슨을 지원했던 아서 키스 경은
다음과 같이 나름대로 양심적인 말을 했습니다.
"진화론은 입증되지 않았고 또 입증할 수도 없다.
우리가 생각조차 할 수 없는 특별 창조가 바로 다른 대안이기 때문에
우리는 진화론을 믿는다."
얼마나 창조론이 싫으면 이렇게 말할까요.
마음에 하나님 두기를 싫어하는 사람들은 차라리 거짓을 믿겠다고 합니다.
이것이 바로 진화론의 비과학적 민낯입니다.

진화론은 믿음의 교리이다

아미노산 생성 실험을 했던 밀러와 유레이조차
생명이 저절로 생길 수 있다는 데 회의적이었습니다.
생물은 아주 간단해 보이는 것조차도 실상 매우 복잡하기 때문입니다.
밀러의 지도 교수로 노벨상 수상자인 유레이 박사는,
"진화가 이루어졌다고 보기에는 생명이 너무나 복잡하다.
우리는 믿음의 교리로서 진화를 받아들인다"고 말했습니다.
믿음이 없이는 증명할 수 없는 것은 과학이 아닙니다.
그러므로 진화는 하나의 교리이자 사상입니다.

다른 이론을 처음부터 배제하는 진화론

지적 설계론자 필립 존슨은 이렇게 말했습니다.
"지적 설계 운동의 목표는 증거가 제시하는 어떠한 설명이라도 허용하는 열린 철학을 성취하는 것이다. 이는 증거가 제시하는 일방적인 방향이 창조주에 의한 특별 창조의 가능성을 가리키고 있음에도 불구하고 이러한 가능성을 고려 대상에서 아예 제외해 버리는 현재의 폐쇄적 철학과는 대비되는 것이다."
과학은 결론을 내린 후 과정을 그에 맞추는 것이 아닙니다.
이로써 진화론은 과학보다 신념과 철학에 가깝다는 것을 알 수 있습니다.

93

꿀 먹은 벙어리가 된 리처드 도킨스

진화론자와 무신론자들의 신이라고 불리는 리처드 도킨스는
진화론에 관한 세계적인 석학이며 베스트셀러의 저자입니다.
창조과학자들이 그에게 질문하는 동영상이 있습니다.
"진화의 중간 과정이나 유전적 돌연변이의 예를 하나만 들어 주시겠습니까?"
어떻게 되었을까요?
도킨스는 10여 초 동안 열심히 생각했지만 아무 말 못하고
잠시 촬영을 멈춰 달라고 요청했습니다.
최고 권위자가 단 하나의 사례도 댈 수 없는 진화, 그것이 사실일까요?

진화론은 드라마다

진화의 사례를 단 하나도 댈 수 없었던 진화론 권위자 리처드 도킨스.
그는 어떤 근거로 그토록 두꺼운 책을 여러 권 펴냈을까요?
『이기적 유전자』, 『지상 최대의 쇼』, 『눈먼 시계공』등의 책이 있지만
거기에는 진화의 증거가 소개되지 않습니다.
그는 진화가 사실이라고 규정한 뒤에, 모든 놀라운 만물들이
진화했다고 생각하면서 그 과정을 유추해 가는 것뿐입니다.
그러므로 그의 책은 경이로운 자연에 대한 서사이며
한 편의 창작물이자 드라마에 불과합니다.

95 인간 게놈 권위자의 인종에 대한 편견

인간 게놈 프로젝트를 총괄했던 생물학자 제임스 왓슨은 흑인을 비하했습니다.
"진화 과정에서 지리적으로 갈라졌는데도 인간의 지능이
똑같이 진화했다고 기대할 만한 명확한 이유가 없다."
그러나 정작 왓슨은 일반 백인보다 16배나 많은 흑인 유전자를
지닌 것으로 드러났다고 합니다. 그의 유전자 중에서 일반 유럽계 인종보다
16배 많은 16%가 아프리카 출신 흑인 조상의 유전자로 밝혀졌습니다.
그의 흑인 유전자 비율은 증조부모 중 한 명이
흑인인 사람에게서 나타날 수 있는 것이라고 합니다.

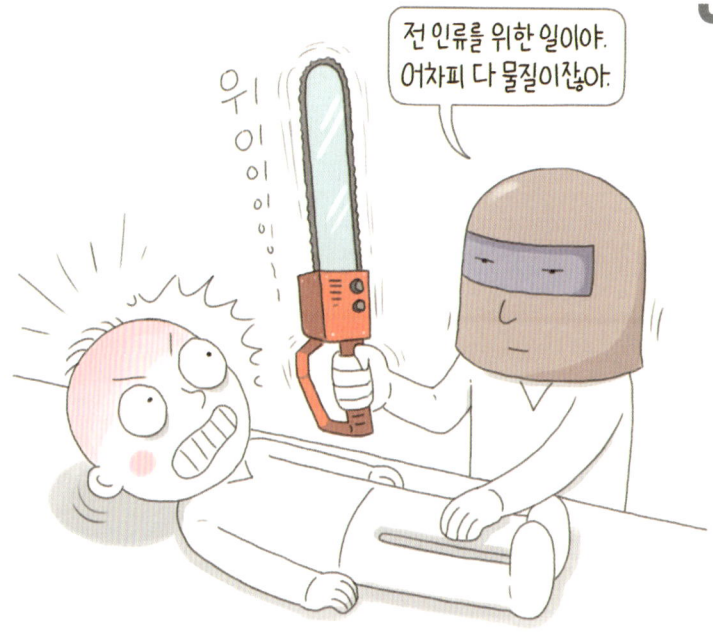

진화론에 찌든 과학자들의 오만과 독선

왓슨과 함께 DNA 나선 구조를 발견한 프랜시스 크릭의 말입니다.

"어떤 신생아를 막론하고 유전적 자질에 대한 검사를 받기까지는 인간으로 인정해서는 안 된다. 그 검사에서 실격하면 생존권을 박탈할 수밖에 없다."

노벨 물리학상 수상자 윌리엄 쇼클리는 말합니다.

"지능이 낮은 사람들이 자손을 많이 퍼뜨려 인류의 지능 수준을 낮추므로 지능 지수가 100 미만인 사람들은 아기를 낳지 못하도록 거세해야 한다."

진화론에 근거한 오만과 무지와 위험성을 보여주는 대목입니다.

97

세월을 허비한 진화론자의 고백

영국 자연사박물관의 고생물학자 콜린 패터슨이
1981년 시카고 자연사박물관의 '진화론 회의'에서 한 말입니다.
"나는 20년 이상 진화론을 연구했으나, 무엇 하나 제대로 알 수 없다는 사실에
놀라게 되었다. 20여 년을 허비한 셈이다. 나는 여러 학자들에게
진화론에 대해 무엇을 아는지, 진화의 증거를 하나라도 대 보라고 했다.
그러나 그들은 한결같이 침묵했다. 여러분도 과거에 진화론에 대해
공감했다면, 지식이 아닌 믿음을 통해서였을 것이다. 나도 예외는 아니다.
진화론은 과학적 사실이 아닐뿐더러 오히려 그와 정반대인 듯하다."

창조의 원리를 말한 뉴턴의 명언

"동물의 몸이 어떻게 예술 작품처럼 만들어지고,
여러 기관들이 어떤 목적으로 존재했는가?
광학적 기술 없이 눈이, 소리에 대한 지식 없이 귀가 만들어졌겠는가?
이런 기관들이 올바로 만들어져 작동하고 있다는 사실은, 눈에 보이지 않지만
살아 있는 지성적 존재가 있음을 나타내는 것이 아니겠는가?"

뉴턴이 『광학』이라는 저서에서 한 말입니다.

이런 의미에서 모든 생물은 목적을 지닌 채 모두 연결되어 있습니다.

모든 메커니즘을 염두에 두고 한 번에 창조될 수밖에 없는 것입니다.

모든 것을 녹이는 산, 진화론

다니엘 데닛이라는 철학자는 도킨스의 불도그라 불리는 진화론자입니다. 그는 어릴 때 모든 것을 녹여 버리는 산(acid)을 상상했다고 합니다. 나중에 보니 진화론이 바로 그런 산이라는 걸 알았답니다. 기존의 상식과 과학과 전통과 종교와 도덕 등 모든 것을 녹이니까요. 진화론에서는 아무것도 계획되지 않았고 목적도 없습니다. 그저 생존, 이유는 몰라도 종족을 보존하고 살아남기 위한 투쟁의 메커니즘이 입력되었을 뿐이기 때문에 모든 일이 무죄입니다. 실제로 진화론의 강력한 산은 모든 귀중한 일들의 의미를 녹여 버립니다.

진화론은 벌거벗은 임금님의 명품 옷

사기꾼들이 임금님의 명품 옷을 만들겠다고 하는데, 이 옷감은 착한 사람 눈에만 보인다고 속입니다. 모두의 눈에 아무것도 안 보였지만 아무 말도 못합니다. 결국 옷이 다 만들어져 임금님이 입고 나섰지만, 벌거벗은 상태였습니다. 하지만 못된 마음을 가졌다고 할까 봐 아무도 말을 못했습니다. 진화론에도 아무 증거가 없습니다. 하지만 지식인과 유명 과학자가 주장하니 아무 증거가 없는데도 거짓말이라고 말할 용기가 없습니다. 하지만 천진한 어린아이가 "임금님이 벌거벗었다"고 외쳤듯이 외치십시오. 많은 사람이 믿는다고 거짓이 진실이 되는 건 아니니까요.

에필로그

창조과학도 과학이냐고 묻는 이들에게

1. 위축되는 창조론자들

진화론자와 유신 진화론자들은 창조과학을 비주류로 취급한다. 마치 자신들은 전문의인데 우리는 무허가 민간요법을 시술하는 자 정도로 여긴다. 그들의 주장을 한 마디로 압축하면 "창조과학은 과학이 아니다"라는 것이다. 창조과학은 비과학이고 사이비 과학이라는 말이다. 한국창조과학회가 주장하는 내용도 황당무계하다고 폄하한다.

자, 그러면 한 가지 묻고 싶다. 창조과학을 주장하는 과학자들은 어떻게 대학 교수가 되었나? 창조과학회 홈페이지에는 '진화론을 부정하는 3천 명의 과학자'에 관한 내용이 있다. 그들은 모두 현직 교수이거나 의사 또는 엄연한 과학자들이다. 진화론자들만 과학자가 아니다.

국내에도 창조과학회 이사와 회원들을 포함해, 진화론을 부정하거나 심각한 문제점을 인식하고 있는 과학자가 300명은 족히 넘는다. 중고등학교 과학 교사들도 물론이다. 만일 창조과학이 그토록 문제라면, 왜 이런 사람

들을 각 학교의 과학 교수와 교사들로 임명했는가? 백년대계라는 교육 분야에 국가가 이토록 많은 사이비 과학자와 신봉자들을 배치했단 말인가?

　창조과학회 홈페이지에 있는 자료들을 살펴보라. 그 자료들은 모두 출처가 있는 학술적 연구물이며, 단지 진화론자 자신들의 연구 방향과 맞지 않기 때문에 황당하게 보일 뿐이다. 하지만 진화론이야말로 소설이고 드라마이며, 허무맹랑한 퓨전 판타지다. 그중 최고봉은 단연 리처드 도킨스의 베스트셀러 시리즈나 칼 세이건의 『코스모스』같은 책이다. 재주가 보통이 아니다. 증거는 단 한 줄도 나오지 않는데 그 많은 분량을 진화에 관해 논하다니 말이다.

2. 과학이 특정 집단의 전유물인가?

　인정할 건 하자. 진화론 진영에 훨씬 많은 과학자가 있고, 또 그들이 과학계에 기여한 바가 훨씬 많다는 사실을 우리는 안다. 연구 업적도 월등히 많다. 창조과학자로 불리는 사람들은 사실 진화론의 주장을 검증하거나 확인하기 위해 연구하는 일이 많으며, 새로운 것을 내놓는 일은 현저히 적다.

그도 그럴 것이, 연구 여건이 나쁘고, 창조론 연구가 거의 허용되지도 않으며, 국가와 학교의 예산을 받아 내기도 어렵다. 창조론을 입증하는 결과를 낸 교수들이 해고되거나 연구비가 삭감되는 일은 서양에서 비일비재하다. 예컨대 공룡이 그리 오래되지 않았다는 증거를 발견하고 그 사실을 계속 연구하려던 캘리포니아 주립대학의 마크 아미티지 교수 같은 사람은 학교에서 해고를 당했다(26쪽 참조).

공룡의 젊은 연대설을 주장했다가 대학에서 해고된 마크 아미티지 박사.

어쨌든 진화론 진영은 엄청난 자금을 동원해 월등히 많은 연구를 하며 과학계를 선도하고 있다. 그들이 발견한 것도 개발한 것도 무척 많다. 하지만 그들은 중대한 거짓말을 했다. 우리가 문제 삼는 것은 단순히 그들이 발견한 내용이 아니라 그 전제가 되는 '기원'이다(22쪽 참조). 창조를 인정하지 않는 것은 그들의 자유다. 하지만 밝혀낼 수 없고 보여줄 수도 없는 기원과 근원의 문제를 진화라는, 과학으로 둔갑한 사이비 사상을 이용해 단정해 버린 것이다.

 이것은 헌법 소원의 대상이다. 내가 아는 분은 종교가 없는 무신론자인데, 대학 교수들을 대상으로 학교와 지방 자치 단체 등에 진정서를 냈다. 증명되지 않은 진화론을 말하면서 그것을 사실인 양 가르치는 교수와 교사들 때문에 내 자녀와 학생들이 피해를 보고 있다. 이들이 진화론을 과학으로 밝혀낼 수 없다면 연구비를 반납하든지, 아니면 그간 연구비를 지출한 근거를 대야 한다고 주장한 것이다.

 예상 외로 교수들이 바짝 긴장했다. 연구 계획서에서 '진화'라는 단어를 빼느라 진땀이 났다고 한다. 왜 그런가? 입증할 수 없으니까. 그게 추론이 아닌 명백한 과학이라면 무엇이 문제가 되는지 모르겠다.

 진화에 대한 근거가 있다면 한 가지만 대 보라. 모든 것은 한낱 가설이자 주장일 뿐이다.

 학력 위조 논란에 휩싸인 한 가수는 촬영을 해서 보여줘도 조작했다고 우기고 졸업장을 떼다 줘도 가짜라고 우기는 세상인데, 그들은 무엇을 근거로 공룡이 새가 되고 새가 다시 포유류가 되는 과정을 보여준다는 건가? 어떻게 물질이 저절로 생기고 복제하며 발전한다는 것인가? 진화론은 거짓말, 가짜, 속임수, 희망 사항의 나열에 불과하다!

 창조과학자들이 창조에 대한 믿음의 근거를 말하는 것까지는 그들도 용납한다. 하지만 그것을 과학이라고 주장하거나 정설로 만들려는 시도는 용납할 수 없다고 한다. 왜? 창조론은 신앙이니까.

맞다. 창조론은 신앙이다. 그러나 진화론은 신앙이 아닌가? 우리도 그들이 신이 아니라 다른 무언가가 우연히 발생시켜 여기까지 왔다는 주장을 말하는 것까지 말릴 수는 없다. 하지만 그것만이 과학이라면 불공평하다. 둘 다 가정이며 가설이다. 그런데 자기네만 과학이다? 이것은 미숙한 패거리 문화일 뿐이다. 목소리가 크고 숫자가 많다고 이기는 것은 아니다.

과학은 특정 집단의 전유물이 아니다. 과학으로 종교적 진실을 드러내든 정신적 현상을 밝혀내든, 그것은 과학을 연구하는 사람의 자유이며 누가 그것을 단죄할 자격은 없다. 그저 그 연구가 적절했는지, 거짓은 없었는지를 보면 된다. 이 기준으로 본다면 진화론이야말로 사이비 과학이며 거짓과 조작으로 점철된 역사 아닌가? 창조론자들이 창조를 입증하기 위해 거짓 연구 결과를 동원하거나 사회적 물의를 일으킨 적이 있는가?

3. 양심을 팔아서라도 과학의 자리를 지키려는 진화론

진화론을 사실로 만들기 위해 사람 머리뼈, 오랑우탄 턱뼈, 침팬지의 송곳니 등을 이어 붙이고 도색하는 등 조직적인 조작을 했던 필트다운인(人) 사건이 있다. 1911-1915년에 영국 서섹스 주의 필트다운 지역에서 발견했다는 이 뼈를 두고 수백 개의 논문이 발표되었다. 영국은 대대적인 홍보와 함께 박물관 건립까지 추진했지만, 결국 조작자인 찰스 도슨이 사망한 이후 행해진 방사성 불소 실험 등을 통해 사기임이 드러났다. 이는 국제적 망신이었다.

이 외에도 무수한 원숭이와 유인원, 인간, 심지어 야생 돼지의 뼈까지 진화의 중간 단계로 규정했다가 잇따라 번복하거나 취소했다. 오스트랄로피테쿠스 아파렌시스, 라마피테쿠스, 네브라스카인, 네안데르탈인 등 다수이다. 과거에 살았던 인류가 얼마나 많은데, 얼마나 증거가 없으면 조작을 동원할까.

에른스트 헤켈은 다윈의 신봉자이자 진화론의 선봉장이었다. 그는 과거

필트다운인 조작에 가담한 진화학자들. 가운데 있는 인물이 찰스 도슨이다(왼쪽).
변호사 출신이었던 찰스 도슨(가운데).
유인원 등과 사람의 뼈를 이어 붙이고 도색한 뼈(오른쪽).

세포에 대해 오해했다. "그것은 마치 젤리와 다름없는 탄소 덩어리 정도일 것이다"라고 말하며, 방어·전달·청소·공급 등의 엄청난 기능을 수행하는 것으로 밝혀진 세포에 대해 무지함을 드러냈다. 그런 그가 배 발생도를 고의적으로 조작했다. 모든 생물이 발생 단계에서는 비슷한 하등한 동물이라는 것이다.

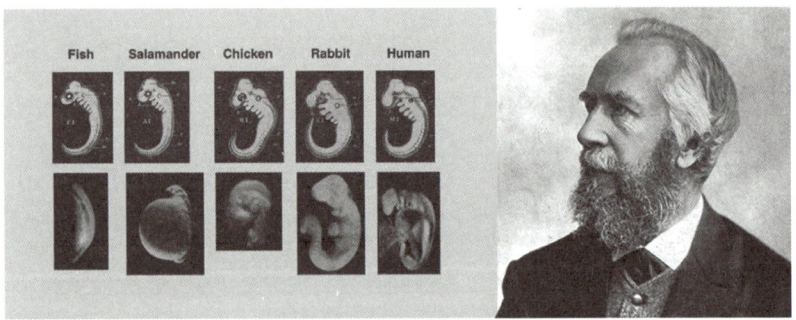

에른스트 헤켈(오른쪽).
헤켈은 모든 생물이 비슷한 발생 단계를 거치는 것처럼 그림을 그렸다(왼쪽 사진의 상단).
그 아래에 있는 사진은 리처드슨이 현미경으로 촬영한 것이다.

나중에 그는 조작을 인정하면서 이런 말을 남겼다(99쪽 참조).

나는 이 조작으로 비난받고 파멸하는 것이 마땅하지만, 존경과 신뢰를 받는 다른 동료 학자들도 같은 잘못을 범했으므로 내게도 일말의 동정이 요구된다. 최상급 논문과 교과서에도 비슷한 수준의 조작이 있다. 그들 모두는 정확하지 않고 다소 치우치거나 편중되거나 조작되었다.

그런데도 배 발생도는 그대로 가르쳐져 왔다. 일반 과학자들은 도대체 무엇을 하는 사람들인가? 1997년에 리처드슨이 현미경을 통해 사진을 찍어 과학적으로 밝혀낸 후에도 이 그림은 20년 이상 교과서에 남아 있었다.

이런 일들은 우리로 하여금 생명을 중시하는 생각을 갖지 못하게 했고, 동물과는 다른 인간의 존재와 존엄성에 대해 깨닫지 못하게 했다. 낙태도 인정했고, 부모도 종족 보존 본능을 실현하기 위해 자신을 번식한 또 다른 개체 정도로 인식할 수밖에 없었다. 더욱이 헤켈은 독극물 등으로 열등한 사람들을 정부의 승인하에 처리해야 한다고 주장했다. 그의 주장은 나치 정권에 의해 실현된 것으로 알려져 있다.

유명한 침팬지 연구가 제인 구달의 스승 루이스 리키의 아들인 리처드 리키는 '스컬 1470'이라고 이름 붙인 원숭이의 두개골을 인간의 두개골로 조작해 유명해졌다(1972). 그러나 2007년 브로매지라는 인류학자에 의해 조작된 사실이 드러났다.

결국 진화의 중간 종과 관련이 없는 원숭이로 밝혀졌다. 하지만 이런 일들에 누가 책임을 졌는가? 순순히 인정하고 뼈아픈 반성을 한 사람은 드물

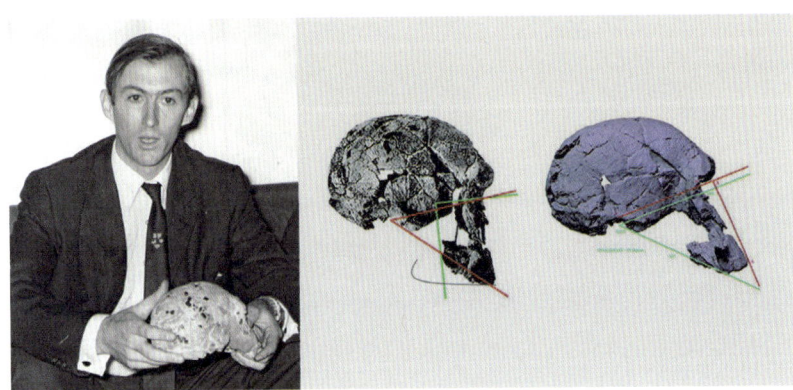

젊은 시절의 리처드 리키(왼쪽).
중간의 두개골은 리키가 조작한 스컬 1470이며, 오른쪽은 브로매지가 원래의 각도를 복원한 그림이다.

다. 다시 한 번 묻고 싶다. 과학자들은 왜 자료를 조작하는가? 과학을 통해 희망 사항이 아닌 진실을 추구하고 진리에 도달하도록 애써야 하는 것이 아닌가?

4. 창조과학은 사이비 과학이라는 무지한 등식

다음 인용문은 한 젊고 유망한 과학자가 창조과학자를 국가의 장관으로 임명할 수 없다고 말한 언론 기고문 중 한 대목이다. 이 과학자는 TV 예능에도 나와서 과학을 소개하는 사람이다.

우리는 역사 속에서 사이비 과학의 폐해를 수없이 보아 왔습니다. 20세기 초 구소련에서는 과학을 제대로 알지 못하는 트로핌 리센코가 스탈린의 총애로 과학계 지도자가 됩니다. 그는 반(反)마르크스주의 이론이라며 유전자의 존재조차 믿지 않았습니다. 결국 그의 엉터리 정책으로 소련의 농업은 붕괴합니다. 최근 미국에서는 일부 사이비 과학 추종자들이 백신 접종을 거부하여, 박멸되었던 홍역이 귀환하는 비극이 일어나기도 했습니다.

하지만 너무나 어처구니없는 이야기다. 이런 실수는 진화론자가 내세우면 안 된다. 리센코의 예를 들어 창조과학을 공격하는 것은 논리를 이탈한 전개일 뿐이다.

모든 무지는 악행을 저지른다. 이는 과학뿐 아니라 사이비 정치인과 사이비 종교인 그리고 사이비 지식인 모두가 범할 수 있는 오류다. '창조과학은 곧 사이비 과학'이라는 등식을 전제하고 리센코의 예를 창조과학과 동일시하는 화법이 어찌 지식인 과학자의 입에서 나올 수 있단 말인가? 정말 몰라서 이런 말을 하는 것인지, 알면서도 독자를 속이는 것인지 모르겠다.

위의 예는 창조과학자의 실수도 아니거니와, 유물론과 진화론의 지대한 영향을 받은 공산주의 치하에서 나온 흑역사다. 2천만 명을 처단한 스탈린의 명분이 진화론 말고 어디에서 나왔겠는가? 그가 총애한 리센코를 창조과학자와 동일시할 수는 없다. 트로핌 리센코는 획득 형질의 유전을 주장한 자로서, 멘델의 유전 법칙에서 이미 오류로 드러난 학설을 따른 진화론자였다.

사회주의의 주창자로 『자본론』을 쓴 마르크스는 자기 책을 찰스 다윈에게 헌정하려고 했다(정중히 거절당하긴 했지만). 진화론이 없었다면 나올 수 없는 이론이 사회주의였기 때문이다.

아돌프 히틀러는 진화론에 깊이 심취한 사람이었다. 극우주의 나치즘도 진화론을 주요 근거로 한다. 진화를 자주 거론한 자타공인의 졸저 『나의 투쟁』에는 현실에 적용해서는 절대 안 되는 대목이 있다.

> 결함 있는 인간이 결함 있는 자손을 생식하지 못하도록 하는 것은 가장 명석한 이성의 요구이다. 그 요구가 계속적으로 수행된다면, 그것이야말로 인류의 가장 인간적인 행위일 것이다. 그 요구는 몇백만 명의 불행한 사람들의 고뇌를 제거해 줄 것이며, 그 결과 일반적인 건강 증진을 가져올 것이다.
>
> _ 아돌프 히틀러, 『나의 투쟁』(홍신문화사, 2006) p. 152.

그가 말한 "결함 있는 인간"은 누구인가? 자의적으로 해석할 수 있는 폭력의 대상이 아닌가? 아이러니하게도 극우와 극좌의 사상은 모두 진화론

아돌프 히틀러와 그의 저서 『나의 투쟁』 초판본.

에 기대어 있다.

5. 어느 쪽이 사이비 과학인가?

그렇다면 이렇게 비이성적으로 활용된 진화론이 사이비 과학 아닌가? 물론 진화론이 주범은 아니다. 주범은 인간의 악함이다. 그러나 그것을 부추기며 면죄부를 주는 것은 진화론이다. 거의 모든 분야의 사이비 과학은 진화론에 집중되어 있다. 그들이 과학계를 주도한 만큼, 그들에게 실수나 오류가 훨씬 더 많다.

중세에 마녀를 사냥하거나 잘못된 성경 해석으로 엉뚱한 시술을 하는 등의 행위는 종교계의 오류다. 우리는 그런 행위들이 잘못되었다고 인정할 수 있다. 그러나 진화론자들은 역사 속의 인종 차별과 학살, 단종법, 노예

사냥 등에 정당성을 부여한 유물론과 진화 사상의 과학적 근거를 숙고해 본 적이 있는가? 과학이 잘못 활용되었다고 인정하고 진화론을 원점에서 바라볼 수 있느냐는 말이다.

최소한 창조과학자들은 창조론의 신빙성을 높이기 위해 고의적으로 거짓말하지는 않는다. 그렇다면 진화론의 조작자들이 그토록 원한 것은 무엇일까? 참된 과학의 추구인가, 아니면 창조론의 무력화인가? 이 질문에 모든 문제의 열쇠가 있다.

이 땅의 수많은 창조과학자들은 많은 이들에게 자랑스러운 스승이었고 지금도 그러하다. 그들은 별다른 잘못도 없이 배척받고 소외당하며, 사이비 과학자로 비난받기도 한다. 그런데 그중 적지 않은 이들이 유력한 세계 인명사전에 오르기도 하고, 학술지에 논문을 발표하기도 한다. 창조과학자까지는 아니어도 창조론적 신앙을 지닌 채 이런 활동을 하는 사람들까지 포함하면 훨씬 더 많다.

그런데도 창조과학자들이 사이비 취급을 받는 이유는, 다윈 탄생 200주년인

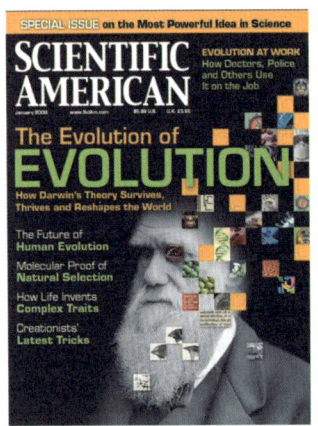

과학 저널 「사이언티픽 아메리칸」
2009년 1월호(다윈 탄생 200주년 특집호).

2009년에 특집호를 발간한 과학 저널 「사이언티픽 아메리칸」의 축하 글이 상징적으로 설명해 줄 것이다.

> 진화론 진영은 태평성세를 누리게 되었습니다. 우리는 엄청난 연구비와 압도적인 연구 인력을 보유하고 있습니다. 우리는 대학과 연구소, 연구 단체, 학술지, 정부 등을 완전히 장악하여 반진화론이 오는 모든 길을 모두 차단했습니다.
>
> _「사이언티픽 아메리칸」(2009년 1월호), pp.78-85.

이것은 또한 "창조론이 참된 과학이라면 왜 변변한 학술지 논문조차 없는가?"라는 질문에 대한 답변이 될 것이다.

만일 창조과학이 모두 사이비 과학이라면, 이런 학자들이 한두 명이라도 있어서는 안 되는 것 아닌가? 그들이 교수로 있는 학교는 문을 닫든지 고발당해야 하는 것 아닌가?

과학이라는 이름 뒤에서 근거 없이 비난하는 일은 이제 그만두어야 할 것이다.

앞으로도 진화의 중간 고리나 진화론을 입증할 증거는 나오지 않을 것이다. 그런데도 진화론이 과학이라고 주장한다면 그것은 거짓말이다. 그리고 그 입장을 고수한다면, 그들은 또 다른 신앙인일 뿐이다.

과학은 과학자 자신들이 규정하는 것이 아니다. 과학은 상식이고 현상이며 사실이어야 한다. 그런데 그들은 진화론이 상식과 현상과 사실이어야 한다고 우기고 있다. 창조과학을 겨냥해 기독교 반대 운동을 펼치는 것이다.

6. 참과 거짓이 아닌 주류와 비주류의 싸움

그들은 또 시조새 교과서 논쟁을 두고, 창조론자들 때문에 세계 과학계에서 한국이 망신을 당했다고 했다. 실제로 세계적인 학술지들이 "한국의 과학자들이 창조론자들에게 무릎을 꿇었다"며 자극했지만, 시조새의 교과서 삭제 청원에 한 글자도 과학 아닌 것이 없었다.

국제 시조새 학술 대회는 이미 1984년 9월에, 시조새는 진화의 중간 종이 아니라고 결론지었다. 시조새 화석이 조작된 사례도 있었고, 시조새가 완전한 새라는 연구 결과가 계속해서 나왔다. 새의 조상이라는 시조새보다 더 오래된 새의 화석도 있다(77쪽 참조).

이런 것이 과학적 타당성이 없는 주장이라면, 왜 교과부의 수정 및 삭제 권고를 8개 중 7개의 교과서가 수용했을까? 그리고 시조새는 왜 교과서에서 부활하지 않는가? 이것은 자존심의 문제가 아니라 사실 관계에 관한 문제일 뿐이다. 교진추는 종교 전쟁을 하는 게 아니라 그저 '사실'을 가르치라고 외치는 것이다. 비기독교인 학부모들에게도 묻고 싶다. 자녀가 거짓을 배우기를 바라는가?

'창조과학'이라는 말은 편의상 붙인, 기독인들의 활동을 규정하는 명칭일 뿐이다. 창조과학이라는 분야가 따로 있는 게 아니라는 말이다. 과학을 통해 창조를 밝혀내고자 하고, 증거도 없이 신을 부정하는 진화론을 반박한다는 목적으로 등장한 영역일 뿐, 그저 과학을 논하고 있다.

창조과학계는 수적으로 열세이기에 비주류다. 그러나 사회의 모든 이슈가 그렇듯이, 비주류가 곧 열등함을 의미하지는 않는다. 오히려 주류의 폭거에 맞서 진실을 추구하는 집단이 많다는 점을 잊지 말아야 한다.

끝으로 주류 과학자들과 똑같은 입장에서 진화론을 탐구하던, 그러나 그들보다 훨씬 저명했던 한 과학자의 말로 이 책을 맺고자 한다. 그는 시카고 자연사박물관의 '진화론 회의'(1981)에서 동료 과학자들에게 다음과 같이 말했다(122쪽 참조).

나는 20년 이상 진화론을 연구했으나, 무엇 하나 제대로 알 수 없다는 사실에 놀라게 되었다. 20여 년을 허비한 셈이다. 나는 여러 학자들에게 진화론에 대해 무엇을 아는지, 진화의 증거를 하나라도 대 보라고 했다. 그러나 그들은 한결같이 침묵했다. 여러분도 과거에 진화론에 대해 공감했다면, 지식이 아닌 믿음을 통해서였을 것이다. 나도 예외는 아니다. 진화론은 과학적 사실이 아닐뿐더러 오히려 그와 정반대인 듯하다.

_ 영국 자연사박물관의 고생물학자 콜린 패터슨.

영국 자연사박물관과 이곳의 관장이었던 콜린 패터슨.

창조과학도 과학인가, 아니면 그저 사이비 과학인가? 무엇이 진짜 사이비 과학인가? 수많은 무지와 조작의 역사 앞에서도 단지 세상의 주류라는 이유만으로 진화론에 조금이라도 현혹되는 그리스도인들이 있다면, 하나님 앞에서 바른 양심을 지녀야 할 것이다.

진화론은 실상 '진화 가설'이며, 더 정확하게는 '진화 사상'이다. 이것을 잊지 말고, 과학적으로 훨씬 더 증거가 많고 신빙성이 높은 창조론이 성경과 일치한다는 사실에 믿음과 확신을 가져야 한다. 겁먹지 말자. 우리가 믿는 창조주 하나님의 위대하심 때문에, 일반 과학과 비교해서도 전혀 밀리지 않는 것이 창조과학이며 창조론이다.

사명선언문

너희가 흠이 없고 순전하여……세상에서 그들 가운데 빛들로
나타내며 생명의 말씀을 밝혀 _ 빌 2:15-16

1. 생명을 담겠습니다
만드는 책에 주님 주신 생명을 담겠습니다.
그 책으로 복음을 선포하겠습니다.

2. 말씀을 밝히겠습니다
생명의 근본은 말씀입니다.
말씀을 밝혀 성도와 교회의 성장을 돕겠습니다.

3. 빛이 되겠습니다
시대와 영혼의 어두움을 밝혀 주님 앞으로 이끄는
빛이 되는 책을 만들겠습니다.

4. 순전히 행하겠습니다
책을 만들고 전하는 일과 경영하는 일에 부끄러움이 없는
정직함으로 행하겠습니다.

5. 끝까지 전파하겠습니다
모든 사람에게, 땅 끝까지, 주님 오시는 그날까지
복음을 전하는 사명을 다하겠습니다.

서점 안내

광화문점	서울시 종로구 새문안로 69 구세군회관 1층 02)737-2288 / 02)737-4623(F)
강남점	서울시 서초구 신반포로 177 반포쇼핑타운 3동 2층 02)595-1211 / 02)595-3549(F)
구로점	서울시 동작구 시흥대로 602, 3층 302호 02)858-8744 / 02)838-0653(F)
노원점	서울시 노원구 동일로 1366 삼봉빌딩 지하 1층 02)938-7979 / 02)3391-6169(F)
일산점	경기도 고양시 일산서구 중앙로 1391 레이크타운 지하 1층 031)916-8787 / 031)916-8788(F)
의정부점	경기도 의정부시 청사로47번길 12 성산타워 3층 031)845-0600 / 031)852-6930(F)
인터넷서점	www.lifebook.co.kr